CARTA SOBRE OS CEGOS

Endereçada àqueles que enxergam

CARTA SOBRE OS SURDOS E MUDOS

Endereçada àqueles que ouvem e falam

Título original: *Lettre sur les aveugles: à l'usage de ceux qui voient; Lettre sur les sourds et muets: à l'usage de ceux qui entendent et qui parlent*

Direção Editorial *Ethel Santaella*
Tradução *Antonio Geraldo da Silva*
Revisão *Valéria Stuber*
Texto de capa *Dida Bessana*
Diagramação *Demetrios Cardozo*
Imagem de Capa *ded pixto / Shutterstock.com*

Dados Internacionais de Catalogação na Publicação (CIP)
(Câmara Brasileira do Livro, SP, Brasil)

Diderot, Denis, 1713-1784
Carta sobre os cegos : endereçada àqueles que enxergam ; Carta sobre os surdos e mudos : endereçada àqueles que ouvem e falam / Diderot ; tradução Antonio Geraldo da Silva. -- São Paulo, SP : Lafonte, 2021.

Título original: Lettre sur les aveugles : à l'usage de ceux qui voient ; Lettre sur les sourds et muets : à l'usage de ceux qui entendent et qui parlent.
ISBN 978-65-5870-184-2

1. Cegos - Obras anteriores a 1800 2. Filosofia 3. Linguagem e línguas - Filosofia - Obras anteriores a 1800 4. Literatura francesa - Século 18 - História e crítica 5. Surdos - Meios de comunicação - Obras anteriores a 1800 I. Título. II. Título: Carta sobre os surdos e mudos : endereçada àqueles que ouvem e falam.

21-80568 CDD-194

Índices para catálogo sistemático:

1. Filosofia francesa 194

Eliete Marques da Silva - Bibliotecária - CRB-8/9380

Editora Lafonte

Av. Profª Ida Kolb, 551, Casa Verde, CEP 02518-000, São Paulo-SP, Brasil - Tel.: (+55) 11 3855-2100,
Atendimento ao leitor (+55) 11 3855- 2216 / 11 – 3855 - 2213 – *atendimento@editoralafonte.com.br*
Venda de livros avulsos (+55) 11 3855- 2216 – *vendas@editoralafonte.com.br*
Venda de livros no atacado (+55) 11 3855-2275 – *atacado@escala.com.br*

Impressão e Acabamento
Gráfica Oceano

CARTA SOBRE OS CEGOS

ENDEREÇADA ÀQUELES QUE ENXERGAM

CARTA SOBRE OS SURDOS E MUDOS

ENDEREÇADA ÀQUELES QUE OUVEM E FALAM

DIDEROT

Tradução
Antonio Geraldo da Silva

Lafonte

2021 - Brasil

Índice

Apresentação

Diderot foi preso por causa desta Carta, mas liberado após ter permanecido alguns dias recluso em uma cela da cadeia de Vincennes. Na verdade, o autor não pretendia ofender ninguém, muito embora a Carta tenha sido considerada uma sátira dirigida àqueles que enxergam, mas não veem ou que veem, mas não enxergam. O tema da Carta ou do livro, no entanto, era bem outro. Partindo das percepções e sensações que os cegos experimentam ao contato com objetos reais que não veem, cruzadas com as ideias que deles se formam, Diderot constrói uma teoria peculiar sobre as percepções e sensações nos cegos e naqueles que veem. Comparando as duas realidades, chega a conclusões não menos peculiares. O cego, por exemplo, não teria necessariamente a mesma moral que aqueles que têm o pleno uso da visão. De fato, as atitudes do cego com relação à sexualidade, à criminalidade e a outros temas, como a ordem e a simetria, teriam outros parâmetros.

Recorrendo ao exemplo do cientista inglês Saunderson, que era cego de nascença e que, apesar dessa deficiência, inventou uma série de instrumentos para "ler" com seu tato, Diderot passa a discorrer sobre a ordem natural das coisas, a ordem intelectual decorrente que, na verdade, ambas são sempre sobrepujadas pela ordem metafísica. Diverte-se em descrever o espaço absoluto contraposto ao espaço limitado, ao tempo e à causalidade, para concluir que a ordem estável, o tempo e o espaço talvez não sejam mais que um ponto.

Essas considerações filosóficas levam o autor a abordar um tema complexo, ou seja, a relação existente entre os diversos sentidos de que o ser humano se serve. A interdependência deles é uma realidade ou um simples hábito adquirido com as experiências no decorrer dos anos? Um sentido teria mais importância, mais valor e mais dignidade que outro? O filósofo dá suas respostas em parte simples e apetecíveis e em parte complexas e contrastantes. Retornando ao problema da cegueira, conclui que tudo é, até certo ponto, relativo, porquanto um cego pode ter melhor visão daquele que enxerga, porquanto o tato do cego poder "enxergar" melhor que os olhos sem defeito do comum dos homens. É ler para concordar ou discordar.

Ciro Mioranza

Cartas sobre os Cegos

Endereçada àqueles que enxergam

Possunt, nec posse videntur[1]
(Virgílio)

Eu suspeitava realmente, senhora[2], que o cego de nascença, a quem o senhor Réaumur[3] acaba de operar a catarata, não te ensinasse o que não querias saber; mas eu estava longe de adivinhar que não seria culpa dele nem tua. Solicitei seu benfeitor por mim mesmo, por meio de seus melhores amigos, pelos cumprimentos que lhe dirigi; não conseguimos obter nada, e o primeiro aparelho será levantado sem ti. Pessoas da mais elevada distinção tiveram a honra de compartilhar sua recusa com os filósofos: em uma palavra, ele não quis deixar cair o véu senão diante de uns olhos sem consequência[4]. Se estás curiosa em saber por que esse hábil acadêmico realiza tão secretamente experiências que não podem ter, segundo tua opinião, um número demasiado grande de testemunhas esclarecidas, vou te responder que as observações de um homem tão célebre necessi-

(1) O verso de Publius Vergilius Maro (71-19 a.C.), extraído de sua *Eneida* (livro V, 231), é *possunt, quia posse videntur* (podem porque acreditam poder). Diderot o modificou em *possunt, nec posse videntur*, ou seja, "podem (ver) e, no entanto, parece que não podem". O verbo latino *videntur* tem dupla significação: "parece (aos outros)" e "ser visto (pelos outros)"; a tradução poderia, portanto, ser outra, mas parece que aquela que Diderot quis transmitir é a que se apresentou no verso de Virgílio modificado (NT).

(2) Não se sabe quem seria essa senhora. Alguns apontaram para a senhora Puisieux, amante de Diderot, outros pensaram na matemática senhora Prémontval, mas outros ainda julgam que se trate de simples recurso literário do autor, dirigindo este texto a uma interlocutora imaginária (NT).

(3) René Antoine Ferchault de Réaumur (1683-1757), físico e naturalista francês; fez importantes descobertas científicas (termômetro a álcool, transformação do ferro-gusa em aço, a metalografia), considerado um dos grandes homens das ciências exatas e naturais do século XVIII (NT).

(4) A dona *des yeux sans conséquence* (dos olhos sem consequência) seria a senhora Dupré de Saint-Maur, amiga de Réaumir, a qual, melindrada por essa alusão deselegante, teria influenciado na prisão de Diderot por conta desta *Carta sobre os cegos* (NT).

tam menos de espectadores quando são realizadas do que ouvintes quando já feitas. Retornei, pois, senhora, a meu primeiro intento e, forçado a me privar de uma experiência, na qual nada tinha praticamente a ganhar para minha instrução nem para a tua, mas da qual, sem dúvida, o senhor Réaumur vai tirar melhor proveito, juntamente a meus amigos me pus a filosofar sobre a importante matéria que constitui seu objeto. Como ficaria feliz se o relato de um de nossos colóquios pudesse me substituir junto de ti do espetáculo de que eu, com demasiada leviandade, havia te prometido.

No próprio dia em que o prussiano[5] realizava a operação da catarata à filha de Simoneau, fomos interrogar o cego de nascença de Puiseaux[6]: é um homem a quem não falta bom senso, que muitas pessoas conhecem, que sabe um pouco de química e que seguiu com algum sucesso os cursos de botânica no jardim do rei. Nasceu de um pai que se formou com aplausos em filosofia na Universidade de Paris. Desfrutava de uma fortuna honesta, com a qual teria facilmente satisfeito os sentidos que lhe restam; mas o gosto pelo prazer o arrastou em sua juventude; abusaram de seus pendores; seus negócios domésticos descarrilaram e ele se retirou em uma pequena cidade do interior, de onde faz todos os anos uma viagem a Paris. Leva consigo licores que destila e com os quais deixa a todos contentes. Aí está, senhora, circunstâncias bastante pouco filosóficas, mas por essa mesma razão são mais próprias a te levar a julgar que o personagem de que te falo não é imaginário.

Chegamos à casa de nosso cego em torno das cinco horas da tarde e o encontramos ocupado em fazer o filho ler em caracteres em relevo: não fazia mais de uma hora que se havia levantado; de fato, deves saber que o dia começa para ele quando termina para nós. Seu costume é dedicar-se a seus assuntos domésticos e trabalhar enquanto os outros repousam. À meia-noite, nada o perturba e ele não incomoda ninguém. Seu primeiro cuidado é de colocar no lugar tudo o que foi deslocado durante o dia; e quando sua mulher acorda, encontra geralmente a casa arrumada. A dificuldade que os cegos têm em recuperar as coisas perdidas torna-os amigos da ordem; e percebi que aqueles que se aproximavam deles familiarmente compartilhavam dessa qualidade, seja por efeito do bom exemplo que

(5) Trata-se de Hilmer, oculista da Prússia (NT).

(6) Vilarejo ao sul de Malesherbes, situado no departamento de Loiret, centro da França (NT).

dão, seja por um sentimento de humanidade que têm por eles. Como seriam infelizes os cegos sem as pequenas atenções daqueles que os circundam! Nós mesmos, como seríamos de lastimar sem elas! Os grandes serviços são como grandes peças de ouro ou de prata que raramente a gente tem ocasião de empregar; mas as pequenas atenções são moeda corrente que se tem sempre à mão.

Nosso cego julga muito bem no tocante às simetrias. A simetria, que é talvez um tema de pura convenção entre nós, é certamente isso sob muitos aspectos, entre um cego e aqueles que veem. À força de estudar pelo tato a disposição que exigimos entre as partes que compõem um todo, para chamá-lo belo, um cego consegue fazer uma justa aplicação desse termo. Mas quando diz *isto é belo*, ele não julga, refere somente o julgamento daqueles que veem: e que outra coisa fazem três quartos daqueles decidem de uma peça de teatro, depois de tê-la ouvido, ou de um livro, após tê-lo lido? A beleza para um cego não é senão uma palavra, quando está separada da utilidade; e com um órgão a menos, quantas coisas cuja utilidade lhe escapa! Os cegos não são realmente dignos de pena por não considerarem belo senão o que é bom? Quantas coisas admiráveis perdidas para eles! O único bem que os compensa dessa perda é de ter ideias do belo, na verdade menos extensas, mas mais nítidas que os filósofos clarividentes que trataram delas longamente.

Nosso cego fala de espelho a todo instante. Acreditas realmente que ele não sabe o que quer dizer espelho; entretanto, ele nunca vai colocar um espelho à contraluz. Ele se exprime tão sensatamente como nós sobre as qualidades e os defeitos do órgão que lhe falta: se não liga nenhuma ideia aos termos que emprega, pelo menos tem sobre a maioria dos homens a vantagem de nunca os pronunciar fora de propósito. Discorre tão bem e de maneira tão correta de tantas coisas que lhe são absolutamente desconhecidas, que seu comércio tiraria muito da força a essa indução que todos nós fazemos, sem saber porque daquilo que se passa em nós para aquilo que se passa dentro dos outros.

Perguntei a ele o que entendia por espelho e me respondeu: "Uma máquina que põe as coisas em relevo, longe delas mesmas, se se encontrarem situadas convenientemente com relação a ela. É como minha mão que não é preciso que a ponha ao lado de um objeto para senti-lo". Descartes, cego de nascença, deveria ter-se felicitado, parece-me, com semelhante definição. Com efeito, considera, por favor, a fineza com a qual foi preciso combinar certas ideias para chegar a ela. Nosso cego só tem conhecimento dos objetos pelo tato. Sabe, pelo relato dos outros homens, que por meio da vista se conhecem os objetos como são conhecidos para ele pelo tato; pelo menos, essa é a única noção que pode formar deles. Sabe, além disso, que não se pode ver o próprio rosto, embora se possa tocá-lo. A vista, deve concluir, é, portanto, uma espécie de tato que só se estende sobre os objetos diferentes de nosso rosto e afastados de nós: o tato, aliás, só lhe dá a ideia do relevo. Portanto, acrescenta, um espelho é uma máquina que nos põe em relevo fora de nós mesmos. Quantos filósofos renomados empregaram menos sutileza para chegar a noções tão falsas! Mas como um espelho deve ser surpreendente para nosso cego? Como deve ter aumentado seu espanto quando lhe informamos que há espécies dessas máquinas que engrandecem os objetos; que há outras que, sem duplicá-los, os deslocam, os aproximam, os afastam, levam a serem percebidos, revelando as menores partes aos olhos dos naturalistas; que há aquelas que os multiplicam milhares de vezes; que, enfim, há aquelas que parecem desfigurá-los totalmente. Ele nos fez centenas de perguntas esquisitas sobre esses fenômenos. Perguntou, por exemplo, se não havia senão os chamados naturalistas, que viam com o microscópio, e se os astrônomos eram os únicos que viam com o telescópio; se a máquina que aumenta os objetos era maior que aquela que os diminui; se aquela que os aproxima era mais curta que aquela que os afasta; e não compreendende como esse outro para nós mesmos que, segundo ele, o espelho repete em relevo, escapa ao sentido do tato. E dizia: "Aí estão dois sentidos que uma pequena máquina põe em contradição: uma máquina mais perfeita os colocaria talvez de forma concorde, sem que por isso os objetos fossem nela mais reais; talvez uma terceira, mais perfeita ainda e menos pérfida, os faria desaparecer e nos advertiria do erro".

E o que são, segundo teu parecer, os olhos? – lhe disse o senhor... O cego lhe respondeu: "São um órgão sobre o qual o ar produz o efeito de minha vareta em minha mão". Esta resposta nos fez cair das nuvens; e enquanto nos entreolhávamos com admiração, continuou: "Isto é tão verdade que, quando coloco minha mão entre os olhos de vocês e um objeto, minha mão está presente a vocês, mas o objeto lhes está ausente. A mesma coisa me ocorre quando procuro uma coisa com minha vareta e encontro outra."

Senhora, abre *A Dióptrica,* de Descartes[7] e nela verás os fenômenos da vista relacionados aos do tato e quadros de ótica cheios de figuras de homens ocupados em ver com varetas. Descartes e todos aqueles que vieram depois dele não puderam nos dar ideias mais nítidas da visão; e esse grande filósofo não teve a esse respeito mais vantagem sobre nosso cego do que as pessoas que têm olhos.

(7) René Descartes (1594-1650), filósofo e matemático francês; entre suas obras, *As paixões da alma* e *Discurso do método* já foram publicadas nesta coleção da Editora Lafonte (NT).

Nenhum de nós se lembrou de interrogá-lo sobre a pintura e a escrita; mas é evidente que há questões às quais sua comparação não tivesse podido satisfazer; e não duvido que nos teria dito que tentar ler ou ver, sem ter olhos, era procurar um alfinete com uma grande bengala. Nós lhe falamos somente dessas espécies de perspectiva que conferem relevo aos objetos e que têm com nossos espelhos tanta analogia e tanta diferença ao mesmo tempo; percebemos que elas prejudicavam tanto quanto concorriam à ideia que ele havia formado de um espelho e que estaria tentado a crer que, pintando o espelho os objetos, o pintor, para representá-los, pintava talvez um espelho.

Nós o vimos enfiar linha em agulhas muito pequenas. Será que se poderia, senhora, pedir que interrompas aqui tua leitura e procurar ver como te sairias no lugar dele? Caso não encontrasses nenhum expediente, vou te contar o de nosso cego. Ele dispõe a abertura da agulha transversalmente entre seus lábios e na mesma direção que aquela da boca; depois, com a ajuda da língua e da sucção, atrai o fio que segue seu ar inspirado, a menos que seja muito grosso para a abertura; mas, nesse caso, aquele que vê não fica praticamente menos embaraçado que aquele que está privado da vista.

Ele tem a memória dos sons em um grau surpreendente; e os rostos não nos oferecem uma diversidade maior do que aquela que ele observa nas vozes. Elas têm para ele uma infinidade de nuances delicadas que nos escapam, porque não temos ao observá-las o mesmo interesse que o cego. Ocorre o mesmo para nós em relação a essas nuances como em relação a nosso próprio rosto. De todos os homens que vimos, aquele de quem menos nos lembraríamos é de nós mesmos. Estudamos os rostos apenas para reconhecer as pessoas; e se não retemos o nosso é que nunca ficaremos expostos a nos tomar por um outro nem um outro por nós. Além do mais, o auxílio que nossos sentidos se prestam mutuamente os impede de se aperfeiçoar. Esta não será a única ocasião que vou ter para fazer este reparo.

Nosso cego nos disse a esse respeito que se sentiria merecedor de muita pena por estar privado das mesmas vantagens que nós e que ficaria tentado olhar a nós como inteligências superiores, se não tivesse constatado centenas de vezes quanto éramos inferiores a ele em outros aspectos. Essa reflexão nos levou a fazer outra. Este cego, dissemos, estima-se tanto e talvez mais que nós que vemos; por que então, se o animal raciocina, como é praticamente fora de dúvida, pesando suas vantagens sobre o homem, que lhe são mais bem conhecidas que aquelas do homem sobre ele, não pronunciaria semelhante julgamento? Ele tem braços, diz talvez o mosquito; mas eu tenho asas. Se ele tem armas, diz o leão, não temos nós garras? O elefante nos verá como insetos; e todos os animais, concedendo-nos de bom grado uma razão pela qual teríamos grande necessidade de seu instinto, se convencerão estar dotados de um instinto pelo qual dispensam muito bem nossa razão. Temos uma inclinação tão violenta a supervalorizar nossas qualidades e a diminuir nossos defeitos, que pareceria quase que caber ao homem escrever o tratado da força e, ao animal, o tratado? da razão.

Um de nós se lembrou de perguntar a nosso cego se ficaria realmente contente em ter olhos: "Se a curiosidade não me dominasse, preferiria muito mais ter braços compridos: parece-me que minhas mãos me instruiriam melhor do que se passa na lua do que os olhos ou os telescópios de que vocês dispõem; além disso, os olhos cessam antes de ver do que as mãos de tocar. Valeria muito mais, portanto, que se aperfeiçoasse em mim o órgão que tenho do que me conceder aquele que me falta".

Nosso cego se conduz pelo ruído ou pela voz tão seguramente que não duvido que semelhante exercício deixe de tornar os cegos muito hábeis e perigosos. Vou te contar um fato que vai te persuadir de como seria arriscado esperar uma pedrada ou se expor a um tiro de pistola por ele disparado, por pouco habituado que estivesse em fazer uso dessa arma. Teve, na juventude, uma briga com um de seus irmãos, que se desgostou muito com ele. Revoltado com as palavras desagradáveis que teve de suportar, agarrou o primeiro objeto que lhe caiu nas mãos, atirou-o contra ele e o atingiu no meio da testa, estendendo-o por terra.

Por causa dessa aventura e de algumas outras, foi chamado pela polícia. Os sinais exteriores do poder que nos afetam tão vivamente não enganam os cegos. Nosso cego comparece diante do magistrado como se fosse diante de seu semelhante. As ameaças não o intimidam. "Que vais fazer comigo?" – disse ao senhor Hérault[8]. – "Vou te jogar no mais profundo do fosso" – lhe respondeu o magistrado.

---

(8) Hérault foi lugar-tenente geral da polícia de 1735 até dezembro de 1739 (NT).

– "Oh! senhor", replicou o cego, "há vinte e cinco anos que estou nele". Que resposta, senhora! E que texto para um homem que gosta tanto de moralizar como eu. Saímos da vida como de um espetáculo encantador; o cego sai dela como de uma masmorra: se temos mais prazer em viver do que ele, concorda que ele tem muito menos pesar em morrer?

O cego de Puiseaux avalia a proximidade do fogo pelos graus de calor; o enchimento dos vasos pelo rumor que fazem ao cair os líquidos que transvasa; e a vizinhança dos corpos pela ação do ar em seu rosto. É tão sensível às menores vicissitudes que ocorrem na atmosfera, que pode distinguir uma rua de um beco sem saída. Aprecia com perfeição os pesos dos corpos e a capacidade dos vasos; e converteu seus braços em balanças tão justas e os dedos em compassos tão experimentados que, nas ocasiões em que essa espécie de estática se realiza, eu apostaria sempre em nosso cego contra vinte pessoas que enxergam. O polido dos corpos não tem praticamente para ele menos nuances que o som da voz; e ele não precisaria ter receio de tomar sua mulher por outra, a menos que levasse vantagem na troca. Entretanto, tudo indica que as mulheres seriam comuns em um povo de cegos ou que suas leis contra o adultério seriam bem rigorosas. Seria tão fácil para as mulheres enganar os maridos, convencionando um sinal com seus amantes!

Ele julga a beleza pelo tato, isso se compreende; mas o que não é tão fácil de perceber é que faça entrar em seu julgamento a dicção e o som da voz. Cabe aos anatomistas nos ensinar se há alguma relação entre as partes da boca e do palato, e a forma exterior do rosto. Faz pequenos trabalhos no torno e na agulha; nivela com o esquadro; monta e desmonta as máquinas usuais; sabe bastante música para executar um trecho do qual se lhe dita as notas e seus valores. Avalia com muito maior precisão que nós a duração do tempo pela sucessão das ações e dos pensamentos. A beleza da pele, o bom aspecto, a firmeza da carne, as vantagens da conformação, a suavidade do hálito, os encantos da voz, aqueles da pronúncia, são qualidades das quais faz realmente caso nos outros.

Casou-se para ter olhos que lhe pertencessem; antes havia tido a intenção de se associar a um surdo que lhe emprestasse olhos e, em troca, daria a ele orelhas. Nada me espantou tanto como sua aptidão singular para um grande número de coisas; e quando manifestamos a ele nossa surpresa, nos disse: "Percebo bem, senhores, que vocês não são cegos; estão surpresos com o que faço e por que não se surpreendem também pelo fato de que falo?". Há, creio, mais filosofia nesta resposta do que ele próprio pretendia nela inserir. É uma coisa bastante surpreendente a facilidade com a qual se aprende a falar. Nós não chegamos a ligar uma ideia à quantidade de termos que não podem ser representados por objetos sensíveis e que, por assim dizer, não têm corpo a não ser por uma série de combinações sutis e profundas das analogias que notamos entre esses objetos não sensíveis e as ideias que suscitam; e é preciso confessar, consequentemente, que um cego de nascença deve aprender a falar mais dificilmente que um outro; uma vez que o número dos objetos não sensíveis é muito maior para ele e tem muito menos campo que nós para comparar e combinar. Como se poderia querer, por exemplo, que a palavra "*fisionomia*" se fixe em sua memória? É uma espécie de agrado que consiste em objetos tão pouco sensíveis para um cego que, se não o fossem para nós mesmos que enxergamos, ficaríamos muito embaraçados para dizer de modo bem preciso o que é ter fisionomia. Se é principalmente nos olhos que ela reside, o tato nada pode fazer no caso; além disso, o que são para um cego olhos mortos, olhos vivos, olhos do espírito etc.?

Concluo disso que tiramos sem dúvida do concurso de nossos sentidos e de nossos órgãos grandes serviços. Mas seria de todo diverso ainda se os exercêssemos separadamente e se nunca empregássemos dois nas ocasiões em que o auxílio de um só nos bastasse. Acrescentar o tato à vista, quando os próprios olhos são suficientes, é atrelar a dois cavalos que já são muito fogosos um terceiro na dianteira que puxa de um lado, enquanto os outros puxam de outro.

Como nunca duvidei que o estado de nossos órgãos e sentidos tem muita influência sobre nossa metafísica e nossa moral, e que nossas ideias mais puramente intelectuais, se posso falar assim, dependem de muito perto da conformação de nosso corpo, passei a questionar nosso cego sobre os vícios e as virtudes. Percebi, em primeiro lugar, que ele tinha uma aversão prodigiosa ao roubo; nascia nele de duas causas: da facilidade que havia em roubá-lo sem que percebesse; e, mais ainda, talvez daquela que havia de percebê-lo quando ele roubava. Não é que não saiba muito bem ficar em guarda contra o sentido que reconhece que temos mais que ele, e que ignora a maneira de bem esconder um roubo. Não faz grande caso do pudor: sem as injúrias do ar, de que as vestes o protegem, não compreenderia realmente o uso destas, e confessa abertamente que não chega a adivinhar porque se cobre antes uma parte do corpo do que outra; e menos ainda por que extravagância entre essas partes se dá preferência a algumas que seu uso e as indisposições às quais estão sujeitas exigiriam que fossem mantidas livres. Embora estejamos em um século em que o espírito filosófico nos desembaraçou de grande número de preconceitos, não creio que cheguemos algum dia a desconhecer as prerrogativas do pudor tão perfeitamente como nosso cego. Diógenes não teria sido para ele um filósofo.

Como de todas as demonstrações externas que despertam em nós a comiseração e as ideias da dor, os cegos são afetados unicamente pela queixa, e suspeito que, em geral, de desumanidade. Que diferença há para um cego entre um homem que urina e um homem que, sem se queixar, derrama seu sangue? Nós mesmos não deixamos de nos condoer quando a distância ou a pequenez dos objetos produz o mesmo efeito em nós que a privação da vista nos cegos? Tanto que nossas virtudes dependem de nossa maneira de sentir e do grau pelo qual as coisas externas nos afetam! Por isso não duvido que, sem o temor do castigo, muitos teriam menos dificuldade em matar um homem a uma distância em que o vissem do tamanho de uma andorinha, do que em degolar um boi com as próprias mãos. Se sentimos compaixão por um cavalo que sofre e se esmagamos uma formiga sem nenhum escrúpulo, não é o mesmo princípio que nos determina? Ah! Senhora, como a moral dos cegos é diferente da nossa! Como a de um surdo seria diferente ainda daquela de um cego! E como um ser que tivesse um sentido a mais do que o nosso acharia nossa moral imperfeita, para não dizer nada de pior!

Nossa metafísica não combina muito com a deles. Quantos princípios para eles que não passam de absurdos para nós e vice-versa? Sobre isso, eu poderia entrar em detalhes que te divertiriam sem dúvida; mas que certas pessoas, que veem crime em tudo, não deixariam de me acusar de irreligião; como se dependesse de mim levar os cegos a perceber as coisas de outro modo do que as percebem. Eu me contentarei em observar uma coisa com a qual, assim o creio, todo mundo concorda: é que esse grande raciocínio, que da natureza se extraem maravilhas, é muito fraco para cegos. A facilidade que temos de criar, por assim dizer, novos objetos, por meio de um pequeno espelho, para eles é algo mais incompreensível que os astros a que estão condenados a nunca ver. Esse globo luminoso que avança do oriente ao ocidente os espanta menos que um pequeno fogo que eles têm a comodidade de aumentar ou de diminuir: como eles veem a matéria de maneira muito mais abstrata que nós, estão mais propensos a crer que ela pensa.

Se um homem que só enxergou durante um dia ou dois se visse confundido no meio de um povo de cegos, deveria tomar a decisão de se calar ou de passar por louco. Ele lhes anunciaria todos os dias algum novo mistério, que seria mistério somente para eles, e que os espíritos fortes poderiam de bom grado não crer nele. Os defensores da religião não poderiam tirar grande proveito de uma incredulidade tão obstinada, até mesmo tão justa sob certos aspectos, e, no entanto, tão pouco fundada? Se te prestares por um instante a essa suposição, ela te lembrará sob traços supostos a história e as perseguições daqueles que tiveram a infelicidade de encontrar a verdade em séculos de trevas e a imprudência de desvendá-la aos cegos contemporâneos, entre os quais não tiveram inimigos mais cruéis do que aqueles que, por sua condição e educação, pareciam dever estar menos distanciados de seus sentimentos.

Deixo, portanto, a moral e a metafísica dos cegos e passo a coisas que são menos importantes, mas que se prendem mais de perto ao objetivo das observações que aqui são feitas por todos os lados, desde a chegada do prussiano[9]. Primeira questão: como é que um cego de nascença se forma ideias das figuras? Creio que os movimentos de seu corpo, a existência sucessiva de sua mão em vários lugares e a sensação não interrompida de um corpo que passa entre seus dedos dão-lhes a noção de direção. Se ele os desliza ao longo de um fio bem esticado, adquire a ideia de uma linha reta; se segue a curvatura de um fio frouxo, adquire a de uma linha curva. Mais geralmente ele tem, por experiências reiteradas do tato, a memória de sensações experimentadas em diferentes pontos: depende de ele combinar essas sensações ou esses pontos e formar com elas figuras. Uma linha reta para um cego, que não é geômetra, não é outra coisa senão a memória de uma sequência de sensações do tato, dispostas

(9) Alusão à operação de catarata realizada pelo prussiano Hilmer, fato que teve repercussão em todas as classes sociais da Europa. (NT)

na direção de um fio esticado; uma linha curva, a memória de uma sequência de sensações do tato, relacionadas à superfície de algum corpo sólido, côncavo ou convexo. O estudo retifica no geômetra a noção dessas linhas pelas propriedades que lhes descobre. Mas, geômetra ou não, o cego de nascença relaciona tudo com a extremidade de seus dedos. Nós combinamos pontos coloridos; ele, por seu turno, só combina pontos palpáveis ou, para falar mais exatamente, só sensações do tato de que tem memória. Não se passa nada de análogo em sua cabeça ao que se passa na nossa; ele não imagina; de fato, para imaginar, é preciso colorir um fundo e destacar desse fundo pontos, atribuindo-lhes uma cor diferente daquela do fundo. Restitui a esses pontos a mesma cor que o fundo; no mesmo instante, eles se confundem com ele e a figura desaparece: pelo menos, é assim que as coisas se executam em nossa imaginação, e presumo que os outros não imaginam de modo diferente que eu. Quando, pois, me proponho a perceber em minha cabeça uma linha reta, de outra forma que não por suas propriedades, começo por atapetá-la por dentro de um tecido branco, do qual destaco uma sequência de pontos pretos dispostos na mesma direção. Quanto mais vivas são as cores do fundo, bem como os pontos, mais percebo os pontos distintamente; e uma figura de uma cor muito próxima daquela do fundo não me fatiga menos considerá-la em minha imaginação do que fora de mim e sobre um tecido.

Vês, portanto, senhora, que se poderia dar leis para imaginar facilmente ao mesmo tempo vários objetos diversamente coloridos, mas essas leis certamente não seriam para o uso de um cego de nascença. O cego de nascença, não podendo colorir nem, por conseguinte, figurar como nós o entendemos, só tem memória de sensações apreendidas pelo tato, que ele relaciona com diferentes pontos, lugares e distâncias, e com os quais compõe figuras. É tão constante que o fato de que ninguém se configura na imaginação sem colorir que, se nos dessem a tocar na escuridão pequenos globos, cuja matéria e cor não conhecêssemos, logo os suporíamos brancos ou pretos ou de qualquer outra cor; ou se não atribuíssemos a eles nenhuma, como o cego de nascença, teríamos somente a memória de pequenas sensações impressas na extremidade dos dedos, tais como pequenos corpos redondos podem ocasioná-las. Se essa memória é muito fugaz em nós; se não temos praticamente ideia da maneira pela qual o cego de nascença fixa lembra e combina as sensações do tato, trata-se de uma consequência do hábito que adotamos por meio dos olhos de tudo executar em nossa imaginação com as cores. Entretanto, aconteceu comigo mesmo, nas agitações de uma paixão violenta, experimentar um arrepio em toda uma mão; sentir a impressão dos corpos que eu tinha tocado havia muito tempo, despertar nela tão vivamente como se ainda estivessem presentes a meu toque e perceber muito distintamente que os limites da sensação coincidiam precisamente com aqueles desses corpos ausentes. Embora a sensação seja indivisível por si mesma, ela ocupa, se é possível utilizar esse termo, um espaço extenso, ao qual o cego de nascença tem a faculdade de acrescentar ou diminuir pelo pensamento, aumentando ou diminuindo a parte afetada. Ele compõe, por esse meio pontos, superfícies, sólidos; obterá até mesmo um sólido do tamanho do globo terrestre, se supõe a ponta do dedo grande como o globo e ocupada pela sensação em comprimento, largura e profundidade.

Não conheço nada que demonstre melhor a realidade do sentido interno que essa faculdade fraca em nós, mas forte nos cegos de nascença, de sentir ou de lembrar a sensação dos corpos, mesmo quando estiverem ausentes e não agirem mais sobre eles. Não podemos dar a entender a um cego de nascença o modo pelo qual a imaginação nos pinta os objetos ausentes como se estivessem presentes; mas podemos muito bem reconhecer em nós a faculdade de sentir, na extremidade de um dedo, um corpo que não está mais aí, tal como ela existe no cego de nascença. Para esse efeito, aperta o indicador contra o polegar; fecha os olhos; separa teus dedos; examina imediatamente após essa separação o que se passa em ti e dize-me se a sensação não perdura por muito tempo depois que a compressão cessou; se, enquanto a compressão perdura, tua alma te parece estar mais em tua cabeça que na extremidade de teus dedos; e se essa compressão não te dá a noção de uma superfície, pelo espaço que a sensação ocupa. Nós não distinguimos a presença de seres fora de nós, de sua representação em nossa imaginação, a não ser pela força e pela fraqueza da impressão: de modo similar, o cego de nascença não discerne a sensação da presença real de um objeto na extremidade de seu dedo, a não ser pela força ou fraqueza da própria sensação.

Se alguma vez um filósofo cego e surdo de nascença se propuser a fazer um homem à imitação de Descartes, ouso assegurar-te, senhora, que irá colocar a alma na ponta dos dedos; de fato, é dali que lhe vêm as principais sensações e todos os seus conhecimentos. E quem o advertiria que sua cabeça é a sede de seus pensamentos? Se os trabalhos da imaginação esgotam a nossa, é que o esforço que fazemos para imaginar é bastante semelhante àquele que fazemos para perceber objetos muito próximos ou muito pequenos. Mas não acontecerá o mesmo com o cego e surdo de nascença: as sensações que tiver apreendido pelo tato serão, por assim dizer, o molde de todas as suas ideias; e eu não ficaria surpreso se, depois de uma profunda mediação, ele tivesse os dedos tão fatigados como nós temos a cabeça. Eu não temeria que um filósofo lhe objetasse que os nervos são as causas de nossas sensações e que todos eles partem do cérebro: mesmo que essas duas proposições estivessem tão demonstradas quanto o estão pouco, sobretudo a primeira, lhe bastaria fazer com que lhe explicassem tudo o que os físicos sonharam a respeito, para persistir em sua opinião.

Mas se a imaginação de um cego não é outra coisa senão a faculdade de lembrar e combinar sensações de pontos palpáveis, e aquela de um homem que vê, a faculdade de lembrar e combinar sensações pontos visíveis ou coloridos, segue-se que o cego de nascença percebe as coisas de maneira muito mais abstrata que nós, e que nas questões de pura especulação está talvez menos sujeito a se enganar. De fato, a abstração não consiste senão em separar pelo pensamento as qualidades sensíveis dos corpos, ou umas das outras, ou do próprio corpo que lhes serve de base; e o erro nasce dessa separação malfeita ou feita fora de propósito; malfeita nas questões metafísicas e feita fora de propósito nas questões físico-matemáticas. Um meio quase seguro de se enganar em metafísica é o de não simplificar bastante os objetos de que nos ocupamos; e um segredo infalível para chegar em físico-matemática a resultados defeituosos é supô-los menos compostos do que realmente o são.

Há uma espécie de abstração de que tão poucos homens são capazes que parece reservada às inteligências puras; é aquela pela qual tudo se reduziria a unidades numéricas. Deve-se convir que os resultados dessa geometria seriam exatos e suas fórmulas bem gerais; de fato, não há objetos, seja na natureza, seja no possível, que essas unidades simples não pudessem representar pontos, linhas, superfícies, sólidos, pensamentos, ideias, sensações e... se, por acaso, fosse esse o fundamento da doutrina de Pitágoras, poder-se-ia dizer dele que malogrou em seu projeto, porque essa maneira de filosofar está muito acima de nós e muito próxima daquela do ser supremo que, segundo a expressão engenhosa de um geômetra inglês[10], *geometriza* perpetuamente no universo.

A unidade pura e simples é um símbolo demasiado vago e demasiado geral para nós. Nossos sentidos nos reconduzem a sinais mais análogos à extensão de nosso espírito e à conformação de nossos órgãos: fizemos até mesmo de modo que esses sinais pudessem ser comuns entre nós e que servissem, por assim dizer, de entreposto ao comércio mútuo de nossas ideias. Instituímos alguns para os olhos, os caracteres; para o ouvido, os sons articulados; mas não temos nenhum para o tato, embora haja uma maneira própria de falar sobre esse sentido e de obter dele respostas. Na falta dessa língua, a comunicação fica inteiramente rompida entre nós e aqueles que nascem surdos, cegos e mudos. Eles crescem, mas permanecem em um estado de imbecilidade. Talvez adquirissem ideias, se nos fizéssemos entender por eles desde a infância, de maneira fixa, determinada, constante e uniforme; em uma frase, se traçássemos na mão deles os mesmos caracteres que traçamos no papel e se a mesma significação lhes permanecesse invariavelmente vinculada.

Essa linguagem, senhora, não te parece tão cômoda como outra? Não é igualmente toda inventada? E ousarias nos assegurar que nunca te ocorreu entender algo dessa maneira? Não se trata, portanto, senão de fixá-la e de compor para ela uma gramática e alguns dicionários, se acharmos que a expressão pelos caracteres usuais da escrita seja demasiadamente lenta para esse sentido.

Os conhecimentos têm três portas para entrar em nossa alma; e mantemos uma trancada por falta de sinais. Se tivéssemos negligenciado as duas outras, estaríamos reduzidos à condição dos animais: do mesmo modo que só temos o apertar para nos fazermos entender pelo sentido do tato, não teríamos senão o grito para falar ao ouvido. Senhora, é preciso ter falta de um sentido para conhecer as vantagens dos símbolos destinados àqueles que restam; e pessoas que tivessem a infelicidade de ser surdas, cegas e mudas, ou que viessem

(10) Trata-se de Joseph Raphson, falecido em 1712, discípulo de Newton (NT).

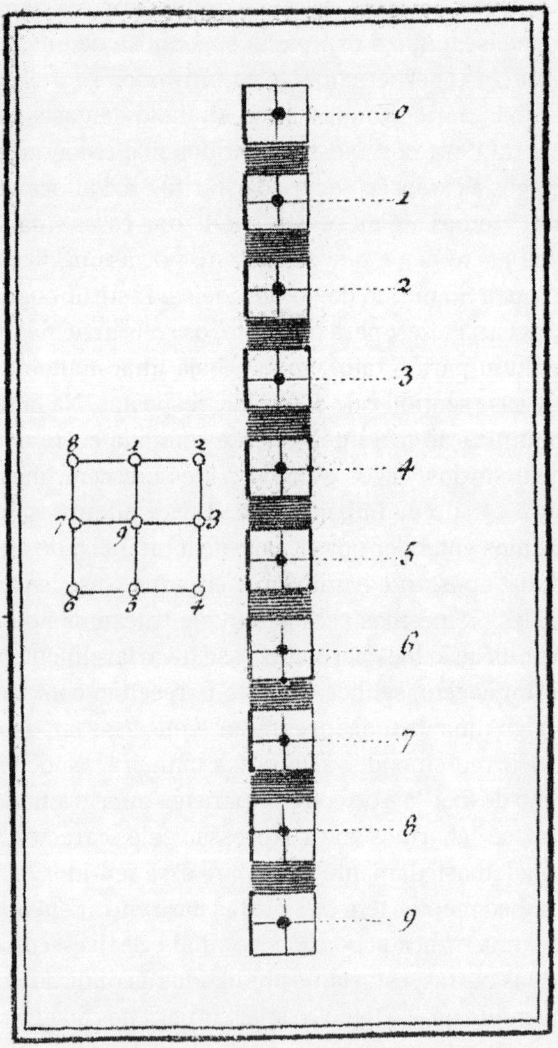

Figura 1

a perder esses três sentidos por algum acidente, ficariam muito encantadas se houvesse uma língua nítida e precisa para o tato.

É bem melhor usar símbolos totalmente inventados que ser seu inventor, como se é forçado a isso quando se é tomado de surpresa. Que vantagem não teria sido para Saunderson[11] encontrar uma aritmética palpável totalmente pronta na idade de cinco anos, em vez de ter de imaginá-la na idade de vinte e cinco? Esse Saunderson, senhora, é outro cego sobre o qual não será fora de propósito conversar contigo. Contam-se prodígios a respeito dele; e não há nenhum que seus progressos nas belas-letras e sua habilidade nas ciências matemáticas não possam tornar crível.

A mesma máquina lhe servia para os cálculos algébricos e para a descrição das figuras retilíneas. Não ficarias impaciente se te dessem a explicação dela, contanto que estivesses em condições de entendê-la; e vais constatar que ela não supõe nenhum conhecimento que não tenhas e que te seria muito útil, se alguma vez tivesses vontade de fazer longos cálculos às cegas.

Imagina um quadrado como vês nas figuras I e II, dividido em quatro partes iguais, por meio de linhas perpendiculares aos lados, de modo que te ofereça os nove pontos: 1, 2, 3, 4, 5, 6, 7, 8, 9. Supõe esse quadrado perfurado por nove orifícios capazes de receber alfinetes de duas espécies, todos do mesmo comprimento e da mesma grossura, mas alguns com a cabeça um pouco mais grossa que os outros.

Os alfinetes de cabeça grande deviam situar-se sempre no centro do quadrado; aqueles de cabeça pequena, sempre nos lados, exceto em um único caso, aquele do zero. O zero era assinalado por um alfinete de cabeça grande, colocado no centro do pequeno quadrado, sem que houvesse qualquer outro alfinete nos lados. O algarismo 1 era representado por um alfinete de cabeça pequena, colocado no centro do quadrado, sem que houvesse qualquer outro alfinete nos lados. O algarismo 2, por um alfinete de cabeça grande, colocado no centro do quadrado, e por um alfinete de cabeça pequena, colocado em um dos lados do ponto 1. O algarismo 3, por um alfinete de cabeça grande, colocado no centro do quadrado, e por um alfinete de cabeça pequena, colocado em um dos lados do ponto 2. O algarismo 4, por um alfinete de cabeça grande, colocado no centro do quadrado, e por um alfinete de cabeça pequena, colocado em um dos lados

(11) Nicholas Saunderson (1682-1739), renomado cientista cego inglês, professor em Cambridge (NT).

Figura 2

do ponto 3. O algarismo 5, por um alfinete de cabeça grande, colocado no centro do quadrado, e por um alfinete de cabeça pequena, colocado em um dos lados do ponto 4. O algarismo 6, por um alfinete de cabeça grande, colocado no centro do quadrado, e por um alfinete de cabeça pequena, colocado em um dos lados do ponto 5. O algarismo 7, por um alfinete de cabeça grande, colocado no centro do quadrado, e por um alfinete de cabeça pequena, colocado em um dos lados do ponto 6. O algarismo 8, por um alfinete de cabeça grande, colocado no centro do quadrado, e por um alfinete de cabeça pequena, colocado em um dos lados do ponto 7. O algarismo 9, por um alfinete de cabeça grande, colocado no centro do quadrado, e por um alfinete de cabeça pequena, colocado em um dos lados do quadrado do ponto 8.

Aí estão precisamente dez expressões diferentes para o tato, cada uma das quais corresponde a um de nossos dez caracteres aritméticos. Imagina agora uma tabela tão grande quanto quiseres, dividida em pequenos quadrados, dispostos horizontalmente e separados uns dos outros pela mesma distância, como podes ver na figura III, e terás a máquina de Saunderson.

Percebes facilmente que não há número que não possa ser escrito nessa tabela e, por conseguinte, nenhuma operação aritmética que não se possa nela executar.

Seja proposto, por exemplo, encontrar a soma ou efetuar a adição dos nove números seguintes:

1	2	3	4	5
2	3	4	5	6
3	4	5	6	7
4	5	6	7	8
5	6	7	8	9
6	7	8	9	0
7	8	9	0	1
8	9	0	1	2
9	0	1	2	3

Escrevo na tabela à medida que me são citados; o primeiro algarismo à esquerda do primeiro número, no primeiro quadrado à esquerda da primeira linha; o segundo algarismo à esquerda do pri-

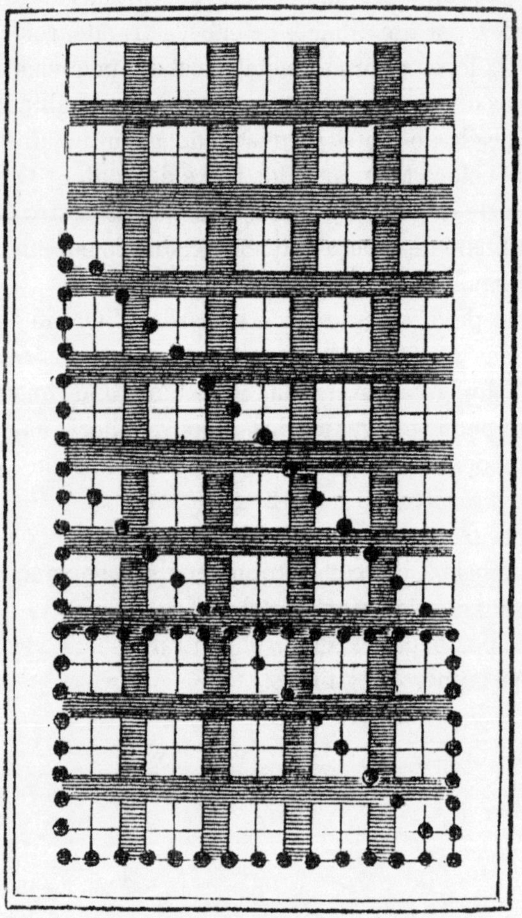

Figura 3

meiro número, no segundo quadrado à esquerda da mesma linha; e assim por diante.

Coloco o segundo número na segunda fileira de quadrados, as unidades sob as unidades, as dezenas sob as dezenas etc.

Coloco o terceiro número na terceira fileira de quadrados, e assim por diante, como podes ver na figura III. Depois, percorrendo com os dedos cada fileira vertical de baixo para cima, começando por aquela que está mais a minha esquerda, faço a soma dos números ali expressos e escrevo o excedente das dezenas embaixo desta coluna. Passo à segunda coluna avançando para a esquerda, na qual opero da mesma maneira; desta à terceira e termino assim em sequência minha adição.

Aí está como a mesma tabela lhe servia para demonstrar as propriedades das figuras retilíneas. Suponhamos que ele tivesse de demonstrar que os paralelogramos com a mesma base e a mesma altura são iguais em superfície. Ele colocava seus alfinetes como podes vê-los na figura IV. Atribuía nomes aos pontos dos ângulos e concluía a demonstração com seus dedos.

Supondo que Saunderson empregasse somente alfinetes de cabeça grande para designar os limites de suas figuras. Ele poderia dispor em torno destes alfinetes de cabeça pequena nove modos diferentes, que todos eles lhe eram familiares. Assim, praticamente não se atrapalhava, a não ser nos casos em que o grande número de vértices que era obrigado a denominar em sua demonstração o forçava a recorrer às letras do alfabeto. Não estamos informados de como ele as empregava.

Sabemos somente que percorria sua tabela com uma surpreendente agilidade dos dedos, que se empenhava com sucesso nos cálculos mais longos, que podia interrompê-los e reconhecer quando se enganava, que os verificava com facilidade e que esse trabalho não lhe requeria (longe disso) tanto tempo como se poderia imaginar, pela destreza que tinha em preparar sua tabela.

Essa preparação consistia em colocar alfinetes de cabeça grande no centro de todos os quadrados; isso feito, não lhe restava senão determinar seu valor pelos alfinetes de cabeça pequena, exceto nos casos em que precisava escrever uma unidade; então ele colocava no centro do quadrado um alfinete de cabeça pequena em lugar do alfinete de cabeça grande que o ocupava.

Figura 4

Algumas vezes, em lugar de formar uma linha inteira com seus alfinetes, ele se contentava em dispô-los em todos os pontos angulares ou de intersecção, em torno dos quais fixava fios de seda, que acabavam por formar os limites de suas figuras. Ver a figura V.

Ele deixou algumas outras máquinas que lhe facilitavam o estudo da geometria; ignora-se o verdadeiro uso que fazia delas; e haveria talvez mais sagacidade em redescobri-lo do que em resolver um problema de cálculo integral. Que algum geômetra se empenhe em nos informar para que lhe serviam quadro pedaços de madeira, sólidos, da forma de paralelepípedos retangulares, cada um deles de onze polegadas de comprimento por cinco e meia de largura e com um pouco mais de meia polegada de espessura, cujas duas grandes superfícies opostas eram divididas em pequenos quadrados, semelhantes àqueles do ábaco que acabo de descrever; com essa diferença: que eram perfurados somente em alguns pontos, onde os alfinetes eram fincados até a cabeça. Cada superfície representava nove pequenas tabelas aritméticas, de dez números cada uma, e cada um desses dez números era composto de dez algarismos. A figura VI representa uma dessas pequenas tabelas; e aí vão os números que ela continha:

9	4	0	8	4
2	4	1	8	6
4	1	7	9	2
5	4	2	8	4
6	3	9	6	8
7	1	8	8	0
7	8	5	6	8
8	4	3	5	8
8	9	4	6	4
9	4	0	3	0

Ele é autor de uma obra das mais perfeitas em seu gênero; intitulada *Elementos de Álgebra*[12], na qual se percebe que era cego somente pela singularidade de certas demonstrações que um homem que vê talvez não tivesse encontrado; é de sua autoria a divisão do cubo em seis pirâmides iguais, que têm seus vértices no centro do

(12) *Elements of Algebra in ten books*, The University Press, Cambridge, 1740 (NT).

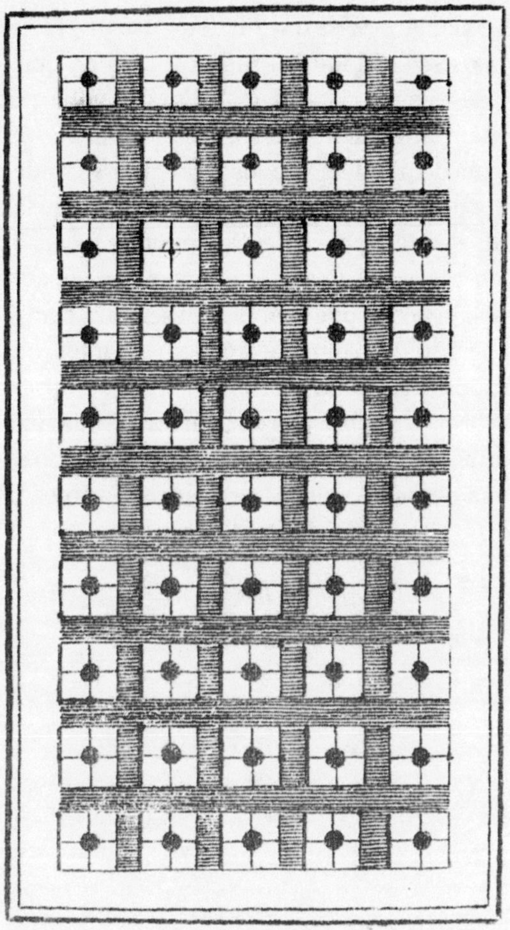

Figura 5

cubo e, por bases, cada uma, uma de suas faces. Servimo-nos dela para demonstrar, de maneira muito simples, que toda pirâmide é o terço de um prisma de mesma base e de mesma altura.

Ele foi levado por seu gosto ao estudo da matemática e determinado pela insuficiência de sua fortuna e pelos conselhos de seus amigos a ministrar lições públicas. Eles não duvidaram em momento algum que se saísse melhor do que esperava, por conta da facilidade prodigiosa que tinha para fazer-se entender. Com efeito, Saunderson falava a seus alunos como se estivessem privados da vista; mas um cego que se exprime claramente para cegos deve ganhar muito com pessoas que enxergam; eles têm um telescópio a mais.

Aqueles que escreveram a vida dele dizem que era fecundo em expressões felizes, e isso é muito provável. Mas, talvez me perguntes, o que entendes por expressões felizes? Vou te responder, senhora, que são aquelas que são próprias a um sentido, ao tato por exemplo, e que são metafóricas ao mesmo tempo a outro sentido, como aos olhos; disso resulta uma dupla luz para aquele a quem se fala; a luz verdadeira e direta da expressão e a luz refletida da metáfora. É evidente que nessas ocasiões Saunderson, com todo o espírito que tinha, não se entendia a si mesmo senão pela metade, porquanto percebia somente a metade das ideias ligadas aos termos que empregava. Mas quem é que não se encontra de tempos em tempos no mesmo caso? Esse acidente é comum aos idiotas que, por vezes, fazem excelentes piadas e às pessoas que têm muito mais espírito, a quem escapa uma tolice, sem que uns e outros percebam isso.

Já assinalei que a escassez de palavras produzia também o mesmo efeito nos estrangeiros a quem a língua não lhes é ainda familiar; são forçados a dizer tudo com uma quantidade muito reduzida de termos, o que os obriga a colocar alguns de maneira muito feliz. Mas toda língua em geral, sendo pobre em palavras apropriadas para os escritores que têm a imaginação viva, encontra-se no mesmo caso dos estrangeiros que têm muita sensibilidade; as situações que inventam, as nuances delicadas que percebem nos caracteres, a ingenuidade das pinturas que têm a fazer, os afastam a todo instante dos modos de falar usuais e os levam a adotar rodeios de frases que são admiráveis sempre que não forem preciosos nem obscuros, defeitos que se perdoa a eles mais ou menos dificilmente, conforme se tenha mais espírito e menos conhecimento da língua. Eis porque o senhor

M[13]... é, entre todos os autores franceses, aquele que agrada mais aos ingleses e a Tácito, aquele que os pensadores mais estimam entre todos os autores latinos. As licenças de linguagem nos escapam, e unicamente a verdade dos termos nos impressiona.

Saunderson foi professor de matemática na Universidade de Cambridge com um sucesso espantoso. Deu lições de ótica, pronunciou discursos sobre a natureza da luz e das cores, explicou a teoria da visão, tratou dos efeitos das lentes, dos fenômenos do arco-íris e de várias outras matérias relativas à vista e a seu órgão. Tudo isso perderá muito de seu aspecto maravilhoso se considerares, senhora, que há três coisas a distinguir em toda questão mesclada de física e de geometria: o fenômeno a explicar, as suposições do geômetra e o cálculo que resulta das suposições. Ora, é evidente que, qualquer que seja a penetração de um cego, os fenômenos da luz e das cores são para ele desconhecidos. Ele vai entender as suposições porque são todas relativas a causas palpáveis; mas de modo algum a razão que o geometrista tinha de preferi-las a outras; de fato, seria necessário que ele pudesse comparar as próprias suposições com os fenômenos. O cego aceita, portanto, as suposições pelo que lhe são dadas; um raio de luz por um fio elástico e fino ou por uma série de pequenos corpos que vêm atingir nossos olhos com uma velocidade incrível; e ele calcula em consequência. A passagem da física à geometria é transposta, e a questão se torna puramente matemática.

Mas que devemos pensar dos resultados do cálculo? – 1º. Que é, às vezes, a última dificuldade obtê-los; e que em vão um físico ficaria muito feliz em imaginar as hipóteses mais conformes à natureza, se não soubesse validá-las pela geometria: por isso os maiores físicos, Galileu, Descartes e Newton[14], foram grandes geômetras. 2º. Que esses resultados são mais ou menos certos, segundo as hipóteses de que se partiu forem mais ou menos complicadas. Quando o cálculo é baseado em uma hipótese simples, então as conclusões adquirem a força de demonstrações geométricas. Quando há muitas suposições, a possibilidade de que cada hipótese seja verdadeira diminui em razão do número das hipóteses; mas aumenta de outro lado pelo

(13) Trata-se de Pierre Carlet de Chamblain de Marivaux (1688-1763), romancista e dramaturgo que era o alvo frequente de críticas por seu estilo rebuscado, refinado e afetado, estilo que chegou a ser denominado *marivaudage* (NT).

(14) Galileo Galilei (1564-1642), físico, astrônomo e escritor italiano; René Descartes (1596-1650), físico, matemático e filósofo francês; Isaac Newton (1642-1727), físico, matemático e astrônomo inglês (NT).

pouco de verossimilhança que tantas hipóteses falsas possam se corrigir exatamente uma a outra e que se obtenha delas um resultado confirmado pelos fenômenos. Aconteceria, nesse caso, como em uma adição em que o resultado seria exato, embora as somas parciais dos números acrescentados tivessem sido todas tomadas falsamente. Não se pode discordar que semelhante operação não seja possível, mas constatas, ao mesmo tempo, que deve ser muito rara. Quanto mais números se acrescentar, mais provável será que tenha ocorrido engano na adição de cada um; mas, também, menor será essa possibilidade, se o resultado da operação for exato. Há, portanto, um número de hipóteses tal, que a certeza que daí resultasse seria a menor possível. Se faço A mais B mais C igual a 50, poderia concluir do fato de que 50 é, com efeito, a quantidade do fenômeno, que as suposições representadas pelas letras A, B, C, são verdadeiras? De modo algum; de fato, há uma infinidade de maneiras de subtrair a uma dessas letras e de acrescentar às duas outras, segundo as quais eu teria sempre 50 como resultado; mas o caso de três hipóteses combinadas é talvez um dos mais desfavoráveis.

Uma vantagem do cálculo que não devo omitir é a de excluir as hipóteses falsas, pela contrariedade que subsiste entre o resultado e o fenômeno. Se um físico se propõe a encontrar a curva que segue um raio de luz ao atravessar a atmosfera, é obrigado a decidir-se sobre a densidade das camadas de ar, sobre a lei da refração, sobre a natureza e a figura dos corpúsculos luminosos e, talvez, sobre outros elementos essenciais que ele não leva em conta, seja porque os negligencia voluntariamente, seja porque lhe são desconhecidos; determina, em seguida, a curva do raio. Será ela diferente na natureza do que seu cálculo a fornece? Suas suposições são incompletas ou falsas: o raio assume a curva determinada? Segue-se de duas coisas uma: ou as suposições foram retificadas ou são exatas; mas qual das duas? Ele o ignora: entretanto, aí está toda a certeza a que pode chegar.

Percorri os *Elementos de Álgebra* de Saunderson, na esperança de encontrar o que desejava saber daqueles que o viram familiarmente e que nos informaram sobre algumas particularidades da vida dele; mas minha curiosidade foi ludibriada, e compreendi que elementos de geometria de sua feitura teriam constituído uma obra mais singular em si mesma e muito mais útil para nós. Encontraríamos nela as definições do ponto, da linha, da superfície, do sólido, do ângulo, das intersecções, das linhas e dos planos, onde não duvido que ele teria empregado os princípios de metafísica muito abstrata e muito próxima daquela dos idealistas. São chamados idealistas esses filósofos que, não tendo consciência senão de sua existência e das sensações que se sucedem dentro deles próprios, não admitem outra coisa: sistema extravagante que só podia, ao que me parece, dever seu surgimento a cegos; sistema que, para vergonha do espírito humano e da filosofia, é o mais difícil de combater, embora seja o mais absurdo de todos. Está exposto com tanta franqueza como clareza em três *Diálogos* do doutor Berkeley, bispo de Cloyne[15]; seria conveniente convidar o autor do *Ensaio sobre nossos conhecimentos*[16] para examinar essa obra: nela encontraria matéria para observações úteis, agradáveis, finas e tais, em uma frase: como ele as sabe fazer. Seu idealismo merece realmente ser denunciado; e essa hipótese tem com que incitá-lo, menos ainda por sua singularidade que pela dificuldade de refutá-la em seus princípios; pois são precisamente os mesmos daqueles de Berkeley. Segundo um e outro e segundo a razão, os termos "essência", "matéria", "substância", "suposto" etc. não trazem praticamente por si próprios luzes em nosso espírito; além do mais, observa judiciosamente o autor do *Ensaio sobre a origem dos conhecimentos humanos*, quer nos elevemos até os céus, quer desçamos até os abismos, nunca saímos de nós mesmos e não é senão nosso próprio pensamento que percebemos; ora, esse é o resultado do primeiro *Diálogo* de Berkeley e o fundamento de todo seu sistema. Não ficarias curiosa em presenciar o embate de dois inimigos cujas armas se assemelham tanto? Se a vitória coubesse a um deles, só poderia ser para aquele que dela se servisse melhor: mas o autor do *Ensaio sobre a origem dos conhecimentos humanos* acaba de dar em um *Tratado sobre os sistemas*[17(17)] novas provas da destreza com a qual sabe manejar as suas e mostrar quão temível é para os sistemáticos.

Olha só, bem longe estamos de nossos cegos, poderias dizer; mas é preciso que tenhas a bondade, senhora, de me perdoar todas

(15) George Berkeley (1685-1753), considerado o iniciador de uma filosofia totalmente idealista; escreveu *Três diálogos entre Hilas e Filonous* (1713) e *Princípios do Conhecimento Humano* (1710 (NT).

(16) Trata-se de Étienne Bonnot de Condillac (1714-1780), filósofo francês, que nesta e em outras obras defende que a sensação é a única fonte de nossos pensamentos (NT).

(17) O título original desta obra de Condillac é *Traité des systèmes où l'on em démêle les inconvénients et les avantages*, publicada em 1749 (NT).

essas digressões: eu te prometi um colóquio e não posso manter a palavra sem essa tua indulgência.

Li com toda a atenção de que sou capaz o que Saunderson disse do infinito: posso te assegurar que havia sobre este assunto ideias muito justas e muito nítidas e que a maioria de nossos "infinitários" não teriam passado para ele de cegos. Vai depender somente de ti julgar isso: embora essa matéria seja bastante difícil e se estenda um pouco além de teus conhecimentos matemáticos, não vou me desesperar, preparando-me em colocá-la a teu alcance e em te iniciar nessa lógica infinitesimal.

O exemplo desse ilustre cego prova que o tato pode se tornar mais delicado que a vista, quando é aperfeiçoado pelo exercício; de fato, percorrendo com as mãos uma série de medalhas, ele discernia as verdadeiras das falsas, embora estas fossem bastante bem-feitas para enganar um conhecedor provido de bons olhos; e ele julgava da exatidão de um instrumento de matemática, fazendo passar a extremidade de seus dedos sobre suas divisões. Aí estão certamente coisas mais difíceis de fazer que de avaliar pelo tato a semelhança de um busto com a pessoa representada. Disso se deduz que um povo de cegos poderia ter estatuários e tirar das estátuas a mesma vantagem que nós, a de perpetuar a memória das belas ações e das pessoas que lhes fossem caras. Não duvido mesmo que o sentimento que experimentariam ao tocar as estátuas fosse muito mais vivo que aquele que nós experimentamos ao vê-las. Que doçura para um amante que tivesse ternamente amado, a de passear suas mãos sobre encantos que reconhecesse, quando a ilusão, que deve agir mais fortemente nos cegos que naqueles que enxergam, viesse a reanimá-los! Mas talvez também, quanto mais prazer sentisse nessa lembrança, menos pesares sentiria.

Saunderson tinha de comum com o cego de Puiseaux o fato de ser afetado pela menor vicissitude que sobreviesse na atmosfera e de perceber, sobretudo nos tempos calmos, a presença dos objetos dos quais estava distante apenas uns passos. Conta-se que um dia, quando assistia a observações astronômicas que se realizavam em um jardim, as nuvens, que furtavam de tempos em tempos o disco do sol aos observadores, ocasionavam uma alteração bastante sensível na ação dos raios sobre seu rosto, para lhe assinalar os momentos favoráveis ou contrários às observações. Poderias crer talvez que se produzisse em seus olhos algum abalo capaz de adverti-lo da presença da luz, mas não daquela dos objetos; e eu teria acreditado nisso como tu, se não fosse certo que Saunderson estava privado não somente da vista, mas também do órgão.

Saunderson via, portanto, através da pele; esse invólucro era nele, portanto, de uma sensibilidade tão apurada que se pode assegurar que, com um pouco de hábito, teria conseguido reconhecer um de seus amigos, cujo retrato um desenhista lhe tivesse traçado na mão, e que teria declarado pela sucessão das sensações provocadas pelo lápis: "É o senhor fulano de tal." Há, portanto, também uma pintura para os cegos; aquela para quem sua própria pele serviria de tela. Essas ideias são tão pouco quiméricas que não duvido que, se alguém traçar em tua mão a boca pequena do senhor..., tu a reconhecerias imediatamente: deves concordar, entretanto, que isso seria mais fácil ainda para um cego de nascença do que o foi para ti; apesar do hábito que tens em vê-la e achá-la encantadora. De fato, entram em teu julgamento duas ou três coisas: a comparação da pintura que seria feita em tua mão com aquela que se fixou no fundo de teu olho; a memória da maneira pela qual se é afetado por coisas que se sente e da maneira pela qual se é afetado pelas coisas que a gente se contenta de ver e admirar; finalmente, a aplicação desses dados à questão que te é proposta por um desenhista que te pergunta, traçando na pele de tua mão com a ponta de seu lápis: "De quem é a boca que estou desenhando?". Ao passo que a soma das sensações excitadas por uma boca na mão de um cego é a mesma que a soma das sensações sucessivas despertadas pelo lápis do desenhista que a representa a ele.

Eu poderia acrescentar à história do cego de Puiseaux e de Saunderson aquela de Dídimo de Alexandria, de Eusébio, o Asiático, de Nicásio de Mechlin[18] e de alguns outros que pareceram bem mais elevados que o resto dos homens, com um sentido a menos, e que os poetas teriam podido fingir sem exagero que os deuses ciumentos os privaram dele, com medo de ter seres iguais entre os mortais. De fato, quem era esse Tirésias[19](19) que havia lido nos segredos dos deuses e que tinha o dom de predizer o futuro, senão um filósofo cego,

(18) Referência a cegos famosos mencionados no livro *Elementos da Álgebra* de Saunderson (NT).

(19) Tirésias foi um adivinho cego que gozava de prestígio na época do auge da cidade grega de Tebas (séc. IV a.C.); após sua morte, seu túmulo foi transformado em oráculo sagrado (NT).

cuja memória nos foi conservada pela lenda? Mas não nos afastemos mais de Saunderson e sigamos este homem extraordinário até o túmulo.

Quando estava prestes a morrer, foi chamado para junto dele um ministro muito hábil, o senhor Gervásio Holmes: juntos, tiveram um diálogo sobre a existência de Deus, do qual nos restam alguns fragmentos que vou te traduzir o melhor que posso, pois valem realmente a pena. O ministro começou por lhe objetar as maravilhas da natureza e o cego filósofo acabou por interrompê-lo para lhe dizer:

– Ah! senhor! Deixa para lá todo esse belo espetáculo que jamais foi feito para mim. Fui condenado a passar minha vida nas trevas e tu me citas prodígios que não entendo e que só são provas para ti e para aqueles que como tu enxergam. Se quiseres que eu acredite em Deus, é preciso que me faças tocá-lo.

– Senhor, recomeçou habilmente o ministro, leva as mãos sobre ti mesmo e reencontrarás a divindade no mecanismo admirável de teus órgãos.

– Senhor Holmes, retrucou Saunderson, eu te repito; tudo isso não é tão belo para mim como o é para ti. Mas se o mecanismo animal fosse tão perfeito como o pretendes e que gostaria realmente de acreditar, pois tu és um homem honesto, de todo incapaz de me iludir, o que tem ele de comum com um ser soberanamente inteligente? Se ele te espanta é talvez porque tens o hábito de tratar como prodígio tudo o que te parece estar acima de tuas forças. Fui tão frequentemente objeto de admiração para ti, que me deixa uma opinião bastante o fato de te surpreenderes. Atraí dos confins da Inglaterra gente que não podia compreender como eu fazia geometria: deves convir que essa gente não tinha noções muito exatas da possibilidade das coisas. Um fenômeno está, a nosso ver, acima do homem? Então dizemos de imediato: "É obra de um Deus"; nossa vaidade não se contenta com menos: não poderíamos inserir em nossos discursos um pouco menos de orgulho e um pouco mais de filosofia? Se a natureza nos oferece um nó difícil de desatar, é melhor deixá-lo como é e não empregar em cortá-lo a mão de um ser que se tornará, em seguida, para nós, um novo nó mais indissolúvel que o primeiro. Pergunta a um indiano por que o mundo fica suspenso nos ares e te responderá que é transportado no dorso de um elefante; e o elefante se apoiaria sobre quê? Sobre uma tartaruga; e quem sustentaria a tartaruga?... Esse indiano te causa dó; e se poderia te dizer como a ele: Senhor Holmes, meu amigo, confessa primeiramente tua ignorância e livra-me do elefante e da tartaruga.

Saunderson se deteve por um momento: esperava aparentemente que o ministro lhe respondesse; mas por onde atacar um cego? O senhor Holmes se prevaleceu da boa opinião que Saunderson tinha de sua probidade e das luzes de Newton, de Leibniz, de Clarke[20] e alguns de seus compatriotas, os primeiros gênios do mundo e que todos eles haviam ficado impressionados com as maravilhas da natureza, reconhecendo um ser inteligente como seu autor. Era sem réplica o que o ministro podia objetar de mais forte a Saunderson. Por isso o bom cego achou por bem que seria temeridade negar o que um homem, tal como Newton, não havia desdenhado em admitir: não deixou, entretanto, de declarar ao ministro que o testemunho de Newton não era tão forte para ele como aquele da natureza inteira o era para Newton; e que Newton acreditava na palavra de Deus, ao passo que elerealmente estava reduzido a acreditar na palavra de Newton.

"Considera, senhor Holmes, acrescentou, quanto é preciso para que eu tenha confiança em tua palavra e naquela de Newton. Não vejo nada; entretanto, admito em tudo uma ordem admirável; mas conto com que não vais exigir mais que isso. Eu te concedo isso, quanto ao estado atual do universo, para obter de ti em contrapartida a liberdade de pensar o que me aprouver a respeito de seu antigo e primeiro estado, sobre o qual não és menos cego que eu. Tu não tens aqui testemunhas para me opor e teus olhos não te são de nenhum auxílio. Imagina, portanto, se quiseres, que a ordem que te impressiona sempre subsistiu; mas deixa-se crer que não é nada disso; e que, se remontássemos ao nascimento das coisas e dos tempos e sentíssemos a matéria se mover e o caos se desembrulhar, encontraríamos uma multidão de seres informes para alguns seres bem-organizados. Se não tenho nada a te objetar sobre a condição presente das coisas, posso pelo menos te interrogar sobre sua condição passada. Posso te perguntar, por exemplo, quem disse a ti, a Leibniz, a Clarke e a Newton que, nos primeiros instantes da forma-

(20) Isaac Newton (1642-1727), físico, matemático e astrônomo inglês; Gottfried Wilhelm Leibniz (1646-1716), filósofo e matemático alemão; Samuel Clarke (1675-1729), filósofo e teólogo inglês (NT).

ção dos animais, uns estavam sem cabeça e outros sem pés? Posso sustentar que estes não tinham estômago e aqueles não tinham intestinos; que alguns, aos quais um estômago, um palato e os dentes pareciam prometer duração, cessaram de existir por algum defeito do coração ou dos pulmões; que os monstros se aniquilaram sucessivamente; que todas as combinações viciosas da matéria desapareceram e que restaram unicamente aquelas em que o mecanismo não implicava nenhuma contradição importante e que podiam subsistir por si mesmas e se perpetuar".

"Isso suposto, se o primeiro homem tivesse tido a laringe fechada, tivesse falta de alimentos convenientes, tivesse pecado pelas partes da geração, não tivesse encontrado sua companheira, ou se tivesse espalhado em outra espécie, senhor Holmes, o que se tornaria o gênero humano? Teria ficado envolvido na depuração geral do universo e esse ser orgulhoso que se chama homem, dissolvido e disperso entre as moléculas da matéria, teria ficado, talvez para sempre, no número dos possíveis".

"Se jamais houvesse existido seres informes, não deixarias de pretender que nunca os haverá e que eu me jogo em hipóteses quiméricas; mas a ordem não é tão perfeita, continuou Saunderson, que não apareçam de tempos em tempos produções monstruosas".

Depois, voltando-se para o ministro, acrescentou: "Olha bem para mim, senhor Holmes; eu não tenho olhos. Que teríamos feito a Deus, tu e eu, um para ter esse órgão e o outro para estar privado dele?".

Saunderson aparentava um ar tão verdadeiro e tão compenetrado ao pronunciar estas palavras, que o ministro e o resto da assembleia não puderam furtar-se a compartilhar de sua dor e se puseram a chorar amargamente sobre ele. O cego percebeu e disse ao ministro: "Senhor Holmes, a bondade de teu coração me era bem conhecida e fico muito sensibilizado pela prova que dela me dás nestes momentos derradeiros; mas, se sou caro a ti, não me recuses ao morrer o consolo de nunca ter afligido ninguém".

Depois, retomando um tom mais firme, acrescentou: "Conjeturo, pois, que no começo, quando a matéria em fermentação fazia eclodir o universo, meus semelhantes eram muito comuns. Mas por que não asseguraria eu a respeito dos mundos o que creio a respeito dos animais? Quantos mundos estropiados, falhos, dissiparam-se, reformam-se e dissipam-se talvez a cada instante, em espaços distantes, onde não consigo tocar e onde tu não consegues ver; mas onde o movimento continua e continuará combinando aglomerados de matéria, até que tenham obtido algum arranjo no qual possam perseverar. Ó filósofos, transportem-se, portanto, comigo até os confins deste universo, para além do ponto onde toco e onde vocês veem seres organizados; passeiem nesse novo oceano e procurem, por meio de suas agitações irregulares, alguns vestígios desse ser inteligente cuja sabedoria vocês admiram aqui!"

"Mas para que serve tirar-te de teu elemento? O que é este mundo, senhor Holmes? Um composto sujeito a revoluções que todas elas indicam uma tendência contínua para a destruição; uma sucessão rápida de seres que se seguem, empurram-se e desaparecem; uma simetria passageira; uma ordem momentânea. Eu te recriminava há pouco por avaliar a perfeição das coisas por tua capacidade e poderia te acusar aqui de medir a duração delas pela de teus dias. Julgas a existência sucessiva do mundo como a mosca efêmera julga a tua. O mundo é eterno para ti, como tu és eterno para o ser que não vive senão um instante. Ainda assim, o inseto é mais razoável que tu. Que sequência prodigiosa de gerações de efêmeros atesta tua eternidade! Que tradição imensa! Entretanto, nós vamos passar todos, sem que se possa determinar nem a extensão real que ocupamos nem o tempo preciso que teremos durado. O tempo, a matéria e o espaço não são talvez senão um ponto."

Saunderson se agitou nessa fala um pouco mais que seu estado lhe permitia; sobreveio-lhe um acesso de delírio que durou algumas horas e do qual só saiu para exclamar:

"*Ó Deus de Clarke e de Newton, tem piedade de mim*!" e morrer.

Assim findou Saunderson. Vês, senhora, que todos os argumentos que acabava de objetar ao ministro não eram sequer capazes de tranquilizar um cego. Que vergonha para pessoas que não têm melhores razões que ele, que enxergam e para quem o espetáculo espantoso da natureza anuncia, desde o nascer do Sol até o pôr das menores estrelas, a existência e a glória de seu autor. Elas têm olhos de que Saunderson estava privado; mas Saunderson tinha uma pureza de costumes e uma ingenuidade de caráter que lhes falta. Por isso vivem como cegos, e Saunderson morre como se tivesse tido o uso da visão. A voz da natureza se faz ouvir suficientemente para ele por meio dos órgãos que lhe restam, e seu testemunho será tanto mais forte contra aqueles que tapam teimosamente os ouvidos e os olhos. Perguntaria de bom grado se o verdadeiro Deus não estava ainda mais velado para Sócrates, pelas trevas do paganismo, do que para Saunderson, pela privação da vista e do espetáculo da natureza.

Estou realmente contristado, senhora, que, para tua satisfação e a minha, não nos tenham transmitido outras particularidades interessantes desse ilustre cego. Havia talvez mais luzes a tirar de suas respostas que de todas as experiências que são propostas. Aqueles que viviam com ele deviam ser bem pouco filósofos! Excetuo, entretanto, seu discípulo, senhor William Inchlif, que só viu Saunderson em seus últimos momentos e que nos recolheu suas últimas palavras, que eu aconselharia a todos aqueles que entendem um pouco de inglês de ler no original uma obra impressa em Dublin, em 1747, e que se intitula *The Life and Character of Dr. Nicholas Saunderson late lucasian Professor of the Mathematics in the University of Cambridge – by his disciple and friend William Inchlif, Esq.*[21] Nela vão notar um agrado, uma força, uma verdade, uma doçura que não se encontram em nenhum outro escrito e que não me vanglorio de tê-las apresentado, apesar de todos os esforços que envidei para conservar essas palavras em minha tradução.

Ele desposou em 1713 a filha do senhor Dickons, reitor de Boxworth, na região de Cambridge; teve um filho e uma filha que ainda vivem. As últimas despedidas que fez a sua família foram muito tocantes. Disse: "Vou para onde todos nós iremos: poupem-me lamentos que me enternecem. Os testemunhos de dor que vocês me dão me tornam mais sensível aos que me escapam. Renuncio sem pesar a uma vida que não foi para mim senão um longo desejo e uma privação contínua. Vivam tão virtuosos e mais felizes; e aprendam a morrer tão tranquilo."

Tomou a seguir a mão de sua mulher, que manteve por um momento apertada entre as suas: voltou o rosto para o lado dela, como se procurasse vê-la: abençoou os filhos, abraçou-os a todos e implorou para que se retirassem, porque infligiam em sua alma golpes mais cruéis que a proximidade da morte.

A Inglaterra é o país dos filósofos, curiosos e sistemáticos; no entanto, sem o senhor Inchlif, não saberíamos de Saunderson se-

(21) A vida e o caráter do Dr. Nicholas Saunderson, falecido professor lucasiano de matemática na Universidade de Cambridge – por seu discípulo e amigo William Inchlif, *Esquire*. Esta obra e seu autor nunca existiram; trata-se de invenção ou de mero recurso literário de Diderot (NT).

não aquilo que os homens mais comuns nos teriam informado; por exemplo, que ele reconhecia os lugares onde havia sido introduzido uma vez pelo rumor das paredes e do piso, quando o faziam, e centenas de outras coisas da mesma natureza que lhe eram comuns com quase todos os cegos. Mas como! Será que se encontram tão frequentemente na Inglaterra cegos do mérito de Saunderson? Será que por lá se encontram todos os dias pessoas que nunca enxergaram e que ministram lições de ótica?

Procura-se restituir a vista a cegos de nascença; mas se se olhasse mais de perto, constatar-se-ia, acredito, que há muito de bom proveito para a filosofia ao questionar um cego de bom senso. Com isso, saberia-se como as coisas se passam nele; poder-se-ia compará-las com a maneira pela qual se passam em nós; e se extrairia talvez dessa comparação a solução das dificuldades que tornam a teoria da visão e dos sentidos tão confusa e tão incerta: mas não consigo entender, confesso, o que se espera de um homem a quem se acaba de fazer uma operação dolorosa em um órgão muito delicado, que o mais leve acidente complica, e que engana, muitas vezes, aqueles nos quais ele é sadio e que desfrutam desde muito tempo suas vantagens. Por mim, eu escutaria com maior satisfação a respeito da teoria dos sentidos um metafísico a quem os princípios da física, os elementos da matemática e a conformação das partes fossem familiares do que um homem sem instrução e sem conhecimentos, a quem foi restituída a visão pela operação da catarata. Eu teria menos confiança nas respostas de uma pessoa que enxerga pela primeira vez que nas descobertas de um filósofo que tivesse meditado profundamente seu tema na obscuridade; ou, para falar na linguagem dos poetas, que se tivesse vazado os olhos para conhecer mais facilmente como se realiza a visão.

Se se quisesse dar alguma certeza a experiências, seria necessário pelo menos que o indivíduo fosse preparado desde longa data, que fosse instruído e talvez que o tornassem filósofo; mas não é obra de um momento tornar-se um filósofo, mesmo quando já se é; que dizer então quando não se é? É muito pior quando se acredito sê-lo. Seria muito conveniente não começar as observações senão muito tempo depois da operação. Para esse efeito, seria necessário tratar o doente na obscuridade e assegurar-se realmente que sua ferida está cicatrizada e que seus olhos estão curados. Não gostaria que o expusessem primeiro à plena luz do dia: o brilho de uma luz viva nos impede de ver; o que não haveria de provocar em um órgão que deve ser de extrema sensibilidade, não tendo ainda experimentado nenhuma impressão que o tenha enfraquecido?

Mas isso não é tudo: seria ainda um ponto muito delicado tirar proveito de um indivíduo assim preparado e interrogá-lo com bastante sutileza para que dissesse precisamente o que se passa nele. Seria conveniente que esse interrogatório fosse feito em plena academia; ou melhor, para não ter espectadores supérfluos, não convidar para essa assembleia senão aqueles que o merecessem por seus conhecimentos filosóficos, anatômicos etc. Os mais hábeis e os melhores espíritos não seriam bons demais para isso. Preparar e interrogar um cego de nascença não teria sido uma ocupação indigna dos talentos reunidos de Newton, Descartes, Locke e Leibniz.

Vou terminar esta carta, que já é demasiado longa, por uma questão que foi proposta há muito tempo. Algumas reflexões sobre o estado singular de Saunderson me fizeram ver que ela nunca havia sido inteiramente resolvida. Supõe-se um cego de nascença que se tenha tornado homem feito e a quem se tenha ensinado a distinguir, pelo toque, um cubo e um globo de mesmo metal e quase de mesmo tamanho, de modo que, ao tocar um e outro, possa dizer qual é o cubo e qual é o globo. Supõe-se que, estando o cubo e o globo colocados sobre uma mesa, esse cego venha a desfrutar da vista e pergunta-se se, vendo-os sem tocá-los, vai poder discerni-los e dizer qual é o cubo e qual é o globo.

Foi o senhor Molyneux[22] quem primeiro propôs essa questão e quem tentou resolvê-la: declarou que o cego não distinguiria o globo do cubo; "pois, diz ele, embora tenha aprendido por experiência de que maneira o globo e o cubo afetam seu toque, não sabe ainda, contudo, que aquilo que afeta seu tato desta ou daquela maneira deve impressionar seus olhos desta ou daquela forma nem que o ângulo avançado do cubo que pressiona sua mão de uma maneira desigual deve parecer a seus olhos tal como parece no cubo".

Locke[23], consultado sobre essa questão, diz: "Sou inteiramente da opinião do senhor Molyneux; creio que o cego não seria capaz, à primeira vista, de assegurar com alguma confiança qual seria o

(22) William Molyneux (1656-1698), filósofo e jurista irlandês (NT).

(23) John Locke (1632-1704), filósofo e teórico político inglês (NT).

cubo e qual seria o globo, se ele se contentasse em olhá-los, embora ao tocá-los pudesse designá-los e distingui-los seguramente pela diferença de suas figuras, que o toque o levaria a reconhecer.".

O padre Condillac[24], cujo *Ensaio sobre a origem dos conhecimentos humanos* leste com tanto prazer e utilidade e cujo excelente *Tratado dos sistemas* que te envio com esta carta, tem a respeito disso uma opinião particular. É inútil te referir as razões em que se apoia; seria te furtar o prazer de reler uma obra em que elas são expostas de uma maneira tão agradável e tão filosófica que, de minha parte, arriscaria demais em deslocá-las. Vou me contentar em observar que todas elas tendem a demonstrar que o cego de nascença nada vê ou que vê a esfera e o cubo diferentes; e que as condições de que esses dois corpos sejam do mesmo metal e praticamente do mesmo tamanho, que se julgou oportuno inserir no enunciado da questão, são, no caso, supérfluas, o que não pode ser contestado; de fato, ele teria podido dizer, se não houver qualquer ligação essencial entre a sensação da vista e aquela do tato, como os senhores Locke e Molyneux pretendem, devem convir que se poderia ver dois pés de diâmetro em um corpo que desaparecesse sob a mão. O senhor Condillac acrescenta, no entanto, que se o cego de nascença vê os corpos, discerne suas figuras e se hesita sobre o julgamento que deve proferir a respeito deles, isso não pode ocorrer senão por razões metafísicas bastante sutis, que vou te explicar logo mais.

Aí estão, portanto, duas opiniões diferentes sobre a mesma questão e entre filósofos de primeira linha. Pareceria que, depois de ter sido manejada por pessoas como os senhores Molyneux, Locke e o padre Condillac, ela não deve deixar mais nada a dizer; mas há tantas faces sob as quais a mesma coisa pode ser considerada que não seria surpreendente que eles não tivessem esgotado todas elas.

Aqueles que declararam que o cego de nascença distinguiria o cubo da esfera começaram por supor um fato que importaria talvez examinar; saber se um cego de nascença, a quem se eliminassem as cataratas, estaria em condições de se servir de seus olhos nos primeiros momentos que decorrem depois da operação? Disseram apenas: "O cego de nascença, comparando as ideias de esfera e de cubo que recebeu pelo tato com aquelas que obtém pela vista, haverá de conhecer necessariamente que são as mesmas; e haveria nele muita

(24) Étienne Bonnot de Condillac (1714-1780), filósofo francês (NT).

extravagância em declarar que é o cubo que lhe dá, à vista, a ideia de esfera e que é da esfera que lhe vem a ideia de cubo. Vai chamar, portanto, esfera e cubo à vista, o que chamava esfera e cubo ao tato?".

Mas qual foi a resposta e o raciocínio de seus antagonistas? Supuseram, de modo similar, que o cego de nascença veria tão logo tivesse o órgão sadio; imaginaram que ocorria ao olho, ao qual se extirpara a catarata, o mesmo que a um braço que cessa de ser paralítico; não é necessário exercício para este sentir, disseram nem por conseguinte ao outro para ver e acrescentaram: "Concedamos ao cego de nascença um pouco mais de filosofia do que vocês lhe concedem; e depois de ter levado o raciocínio até onde vocês o deixaram, ele vai continuar; mas, no entanto, quem me assegurou que, ao me aproximar desses corpos e ao aplicar minhas mãos sobre eles, não enganarão subitamente minha expectativa e que o cubo não vai me enviar a sensação da esfera; e a esfera, aquela do cubo? Não há senão a experiência que possa me ensinar se há conformidade de relação entre a vista e o tato; esses dois sentidos poderiam estar em contradição em suas relações, sem que eu soubesse nada; talvez eu acreditasse até mesmo que o que se apresenta atualmente à minha vista não passa de pura aparência, se não me tivessem informado que esses são realmente os mesmos corpos que toquei. Este me parece, na verdade, ser o corpo que eu chamava cubo; e aquele, o corpo que eu chamava esfera; mas ninguém me pergunta o que ele me parece, mas o que é; e eu não estou, de maneira alguma, em condições de satisfazer esta última pergunta".

Esse raciocínio, diz o autor do *Ensaio sobre a origem dos conhecimentos humanos*, seria muito embaraçoso para o cego de nascença; e não vejo senão a experiência que possa dar uma resposta a isso. Tudo indica que o padre Condillac não quer falar aqui senão da experiência que o cego de nascença reiteraria ele próprio sobre os corpos por meio de um segundo toque: vais perceber logo porque faço esta observação. De resto, esse hábil metafísico teria podido acrescentar que um cego de nascença devia achar tanto menos absurdo supor que dois sentidos possam estar em contradição quanto imagina que um espelho os coloca de fato assim, como o fiz notar anteriormente.

O senhor Condillac observa, a seguir, que o senhor Molyneux dificultou a questão com várias condições que não podem prevenir nem tirar as dificuldades que a metafísica suscitasse ao cego de nascença. Esta observação é tanto mais justa quanto a metafísica que se supõe no cego de nascença não está deslocada, uma vez que, nessas questões filosóficas, a experiência deve sempre ser levada a efeito com um filósofo, isto é, com uma pessoa que capte nas questões que lhe são propostas tudo o que o raciocínio e a condição de seus órgãos lhe permitam perceber.

Aí está, senhora, em resumo o que se disse pró e contra nessa questão; e vais ver, pelo exame que vou fazer, como aqueles que declararam que o cego de nascença veria as figuras e discerniria os corpos estavam longe de perceber que tinham razão e como aqueles que o negavam tinham razões para pensar que não estavam errados.

A questão do cego de nascença, tomada um pouco mais de generalidade do que o senhor Molyneux a propôs, abrange duas outras que vamos considerar separadamente. Pode-se perguntar:

1º Se o cego de nascença verá tão logo a operação da catarata for concluída;

2º caso veja, se verá o suficiente para discernir as figuras, se estará em condições de lhes aplicar de modo seguro, ao vê-las, os mesmos nomes que lhes atribuía ao tocá-las e se terá demonstração que esses nomes lhes convêm.

O cego de nascença verá imediatamente após a cura do órgão? Aqueles que acham que não vai enxergar, dizem: "Tão logo o cego de nascença desfruta da faculdade de se servir de seus olhos, toda a cena que tem em perspectiva vem pintar-se no fundo de seu olho. Esta imagem, composta de uma infinidade de objetos reunidos em un espaço muito pequeno, não passa de um aglomerado confuso de figuras que ele não terá condições de distinguir umas das outras. Todos estão quase de acordo que somente a experiência pode lhe ensinar a julgar a distância dos objetos e que ele está realmente na necessidade de se aproximar deles, de tocá-los, de se afastar, de se reaproximar e de tocá-los novamente, a fim de se assegurar de que não fazem parte dele mesmo, que são estranhos a seu ser e que está ora próximo ora afastado deles: por que a experiência não lhe seria ainda necessária para percebê-los? Sem a experiência, aquele que percebe objetos pela primeira vez deveria imaginar, quando se afastam dele ou ele dos objetos, além do alcance de sua vista, que cessaram de existir; de fato, não há senão a experiência que temos com os objetos permanentes e que reencontramos no mesmo lugar onde os deixamos que nos leva a constatar sua existência contínua no distanciamento. É talvez por essa razão que as crianças se consolam tão prontamente com relação aos brinquedos de que as privamos: não se pode dizer que elas os esqueçam prontamente; de fato, se se considera que há crianças de dois anos e meio que conhecem uma parte considerável das palavras de uma língua e que lhes custa mais pronunciá-las do que retê-las, ficar-se-á convencido de que o período da infância é o da memória. Não seria mais natural supor que então as crianças imaginam que aquilo que cessam de ver cessou de existir, tanto mais que sua alegria parece mesclada de admiração, quando os objetos que perderam de vista acabam por reaparecer? As amas as ajudam a adquirir a noção da duração dos seres ausentes, exercitando-as em um pequeno jogo que consiste em cobrir e em mostrar subitamente o rosto. Dessa maneira, elas têm cem vezes em um quarto de hora a experiência de que aquilo que deixa de aparecer não deixa de existir: disso se segue que é à experiência que devemos a noção da existência continuada dos objetos, que é pelo tato que adquirimos aquela de sua distância; que é necessário talvez que o olho aprenda a ver, como a língua a falar; que não seria surpreendente que o auxílio de um dos sentidos fosse necessário ao outro e que o tato, que nos assegura da existência dos objetos fora de nós, quando estão presentes a nossos olhos, é talvez ainda o sentido a que está reservado nos constatar, não digo suas figuras e outras modificações, mas até mesmo sua presença".

A esses raciocínios se acrescentam as famosas experiências de Cheselden[25]. O jovem a quem esse hábil cirurgião retirou a catarata não distinguiu por muito tempo nem tamanhos nem distâncias nem situações nem mesmo figuras. Um objeto de uma polegada colocado diante de seu olho, e que lhe escondia uma casa, parecia-lhe tão grande como a casa. Tinha todos os objetos sob os olhos e os objetos lhe pareciam aplicados a este órgão, como os objetos do tato o são à pele. Não conseguia distinguir o que havia julgado redondo, com a ajuda das mãos, do que havia julgado angular; nem discernir com os olhos se o que havia sentido estar em cima ou embaixo estava, de fato, em cima ou embaixo. Chegou, mas não sem dificuldade, a

(25) Ver os *Éléments de la philosophie de Newton*, de Voltaire (nota do autor). William Cheselden (1688-1752), cirurgião e oculista inglês que se tornou célebre por uma cirurgia praticada em um cego de nascença; como Diderot assinala, essa cirurgia foi divulgada em toda a Europa, especialmente por Voltaire (NT).

perceber que sua casa era maior que seu quarto, mas de modo algum a conceber como o olho podia lhe dar essa ideia. Precisou de muitas experiências reiteradas para se assegurar de que a pintura representava corpos sólidos; e quando ficou realmente convencido, à força de olhar quadros, que não eram somente superfícies que ele via; encostou a mão e ficou muito surpreso por não encontrar senão um plano unido e sem qualquer saliência; perguntou então qual era o enganador, o sentido do tato ou o sentido da vista. De resto, a pintura causou o mesmo efeito nos selvagens, na primeira vez que a viram: tomaram as figuras pintadas como homens vivos, chegaram a interrogá-las e ficaram totalmente surpresos por não receberem nenhuma resposta; esse erro não ocorria certamente neles pelo pouco hábito de ver.

Mas o que responder às outras dificuldades? Que, de fato, o olho experimentado de um homem faz ver melhor os objetos do que o órgão impreciso e inteiramente novo de uma criança ou de um cego de nascença a quem se acaba de retirar a catarata. Vê, senhora, todas as provas que o padre Condillac apresenta no final de seu *Ensaio sobre a origem dos conhecimentos humanos*, onde propõe como objeção as experiências feitas por Cheselden e relatadas por Voltaire. Os efeitos da luz sobre um olho que está afetado pela primeira vez e as condições requeridas nos humores desse órgão, a córnea, o cristalino etc., são ali expostos com muita nitidez e força, e praticamente não permitem duvidar que a visão não se realize muito imperfeitamente em uma criança que abre os olhos pela primeira vez ou em um cego em que se acaba de fazer a operação.

Não há como não concordar, portanto, que devemos perceber nos objetos uma infinidade de coisas que nem a criança nem o cego de nascença percebem, embora elas se pintem igualmente no fundo de seus olhos; que não é suficiente que os objetos nos atinjam, mas que é preciso ainda que estejamos atentos a suas impressões; que, por conseguinte, não se vê nada na primeira vez que nos servimos dos olhos; que não somos afetados nos primeiros instantes da visão senão por uma multidão de sensações confusas que se desenredam somente com o tempo e pela reflexão habitual sobre o que se passa em nós; que é unicamente a experiência que nos ensina a comparar as sensações com aquilo que as ocasiona; que as sensações, não tendo nada que se assemelhe essencialmente aos objetos, compete à experiência nos instruir sobre analogias que parecem ser de pura instituição; em uma palavra, não se pode duvidar de que o tato não serve muito para fornecer ao olho um conhecimento preciso da conformidade do objeto com a representação que este recebe dele; e acho que, se tudo não se realizasse na natureza por meio de leis infinitamente gerais; se, por exemplo, a picada de certos corpos duros fosse dolorosa e aquela de outros corpos, acompanhada de prazer, morreríamos a nós sem ter recolhido a centésima milionésima parte das experiências necessárias à conservação de nosso corpo e para nosso bem-estar.

Entretanto, não acho em absoluto que o olho não possa se instruir ou, se é permitido falar assim, experimentar-se a si próprio. Para se certificar pelo tato da existência e da figura dos objetos, não é necessário ver; por que seria preciso tocar para se certificar das mesmas coisas pela vista? Conheço todas as vantagens do tato e não as disfarcei, quando se tratou de Saunderson ou do cego de Puiseaux; mas não lhe reconheci de maneira alguma a outra. Concebe-se, sem dificuldade, que o uso de um dos sentidos pode ser aperfeiçoado e acelerado pelas observações do outro; mas de modo algum que haja entre suas funções uma dependência essencial. Há seguramente nos corpos qualidades que jamais perceberíamos sem o toque: é o tato que nos instrui acerca da presença de certas modificações insensíveis aos olhos que só as percebem quando foram advertidos por este sentido; mas esses serviços são recíprocos; e naqueles que têm a vista mais apurada que o tato é o primeiro desses sentidos que instrui o outro sobre a existência de objetos e de modificações que lhe escapariam por sua pequenez. Se alguém pusesse, sem que o soubesses, entre o polegar e o indicador, um papel ou qualquer outra substância unida, delgada e flexível, só haveria teus olhos que poderiam te informar de que o contato desses dedos não se faria imediatamente. De passagem, vou observar que seria infinitamente mais difícil enganar, nesse caso, um cego que uma pessoa que tem o hábito de ver.

Um olho vivo e animado teria, sem dúvida, dificuldade em se certificar que os objetos exteriores não fazem parte dele próprio, que deles está ora próximo, ora distante, que são figurados, que uns são maiores que outros, que têm profundidade etc., mas não duvido, de maneira alguma, que os visse, com o tempo, e que não os visse de modo bastante distinto para discernir neles pelo menos os limites grosseiros. Negá-lo seria perder de vista o destino dos órgãos, seria esquecer os principais fenômenos da visão, seria dissimular-se que não há pintor bastante hábil para se aproximar da beleza e da exatidão das miniaturas que se pintam no fundo de nossos olhos; que não há nada de mais preciso que a semelhança da representação com o objeto representado, que a tela desse quadro não é tão pequena, que nela não há nenhuma confusão entre as figuras, que elas ocupam mais ou menos meia polegada quadrada; e que nada é mais difícil, por outra, que explicar como o tato se arranjaria para ensinar o olho a perceber, se o uso deste último órgão fosse absolutamente impossível sem o auxílio do primeiro.

Mas não vou me ater a simples presunções e vou perguntar se é o tato que ensina o olho a distinguir as cores. Não acho que se conceda ao tato um privilégio tão extraordinário: isto suposto, segue-se que, se se apresenta a um cego, a quem se acabou de lhe restituir a vista, um cubo preto com uma esfera vermelha sobre um grande fundo branco, ele não tardará em discernir os limites dessas figuras.

Ele tardará, poderia me responder alguém, todo o tempo necessário aos humores do olho para se disporem convenientemente; à córnea, para assumir a convexidade requerida à visão; à pupila, para ser suscetível da dilatação e da contração que lhe são próprias; aos filetes da retina, para não ser nem muito nem pouco sensíveis à ação da luz; ao cristalino, para se exercitar nos movimentos para frente e para trás que se suspeita dele; ou aos músculos, para preencher muito bem suas funções; aos nervos óticos, para se acostumar a transmitir a sensação; ao globo inteiro do olho, para se prestar a todas as disposições necessárias e a todas as partes que o compõem, para concorrer à execução dessa miniatura da qual se tira um proveito tão bom, quando se trata de demonstrar que o olho se experimentará por si mesmo.

Confesso que, por mais simples que seja o quadro que acabo de apresentar ao olho de um cego de nascença, ele não vai distinguir bem as partes a não ser quando o órgão reunir todas as condições precedentes; mas é talvez obra de um momento; e não seria difícil, aplicando os raciocínios que acabam de me objetar, a uma máquina um pouco composta, a um relógio, por exemplo, demonstrar pelo detalhe de todos os movimentos que se passam no tambor, no fuso, nas rodas, nas palhetas, no pêndulo etc., que a agulha precisará de quinze dias para percorrer o espaço de um segundo. Se se responder que esses movimentos são simultâneos, vou replicar que talvez ocorra o mesmo com aqueles que se passam no olho, quando se abre pela primeira vez, e com a maioria dos julgamentos que são feitos em decorrência. Sejam quais forem essas condições que são exigidas do olho para seja capaz da visão, deve-se convir que não é o tato que as fornece, mas que é esse órgão que as adquire por si mesmo e que, por conseguinte, chegará a distinguir as figuras que nele vão ser pintadas, sem o auxílio de outro sentido.

Uma vez mais, porém, poder-se-á dizer, quando ocorrerá isso? Talvez mais depressa do que se pensa. Quando fomos visitar juntos o escritório do Jardim Real, lembras-te, senhora, da experiência do espelho côncavo e do susto que levaste quando viste chegar a ti a ponta de uma espada, com a mesma velocidade que a ponta daquela que tinhas na mão avançava em direção da superfície do espelho? Entretanto, tinhas o costume de transportar para além dos espelhos todos os objetos que neles se pintam. A experiência não é, portanto, nem tão necessária nem mesmo tão infalível quanto se pensa para perceber os objetos ou suas imagens onde elas estão. Não há nada, até mesmo teu papagaio, que me dê prova disso: a primeira vez que ele se viu em um espelho, aproximou seu bico; e encontrando-se apenas a si próprio, que ele tomava por seu semelhante, fez a volta do espelho. Não quero atribuir ao testemunho do papagaio mais força do que tem; mas é uma experiência animal, na qual o preconceito não pode ter parte.

Entretanto, se me assegurassem que um cego de nascença não distinguiu nada durante dois meses, não ficaria surpreso; disso concluiria somente a necessidade da experiência do órgão, mas de modo algum a necessidade do toque para experimentá-lo. Não compreenderia senão melhor o quanto importa deixar um cego de nascença passar algum tempo na obscuridade, quando o destinamos a observações, conceder a seus olhos a liberdade de se exercitarem, o que será feito mais comodamente nas trevas do que em plena luz do dia e não lhe conceder nas experiências senão uma espécie de crepúsculo ou aproveitar pelo menos no local em que serão feitas a vantagem de aumentar ou diminuir, de acordo com a claridade. Não me encontrarão senão ainda mais disposto a concordar que essas espécies de experiências serão sempre mais difíceis e mais incertas, e que o mais curto, com efeito, embora na aparência o mais longo, é presumir o indivíduo imbuído de conhecimentos filosóficos que o tornem capaz de comparar as duas condições pelas quais passou e de nos informar sobre a diferença entre o estado de um cego e aquele de um homem que enxerga. Uma vez mais, o que se pode esperar de preciso daquele que não tem nenhum hábito de refletir e de mudar de opinião, e que, como o cego de Cheselden, ignora as vantagens da vista, a ponto de ficar insensível a sua desgraça e de não imaginar que a perda desse sentido prejudica muito seus prazeres? Saunderson, a quem não se deve recusar o título de filósofo, não tinha certamente a mesma indiferença; e duvido muito que fosse do mesmo parecer do autor do excelente *Tratado dos sistemas*. Suspeitaria, de bom grado, que o último desses filósofos tenha dado ele próprio em um pequeno sistema, quando pretendeu "que, se a vida do homem fosse somente uma sensação não interrompida de prazer ou de dor, feliz em um caso sem nenhuma ideia de infelicidade, infeliz em outro sem nenhuma ideia de felicidade, ele teria gozado ou sofrido; e que, como se essa tivesse sido sua natureza, não teria olhado em torno dele para descobrir se algum ser vigiava por sua conservação ou trabalhava para prejudicá-lo. Que é a passagem alternada de um a outro desses estados, que o fez refletir etc.[26]".

Acreditas, senhora, que descendo de percepções claras em percepções claras (pois é a maneira de filosofar do autor, e a boa) jamais chegasse a essa conclusão? Não ocorre com a felicidade e a infelicidade o mesmo que com as trevas e a luz; uma não consiste em uma privação pura e simples da outra. Talvez pudéssemos assegurar que a felicidade não nos é menos essencial que a existência e o pensamento, se tivéssemos usufruído dela sem nenhuma alteração; mas não posso dizer o mesmo da infelicidade. Seria muito natural encará-la como um estado forçado de se sentir inocente, de se julgar, no entanto, culpado e de acusar ou escusar a natureza, precisamente como se faz.

O padre Condillac pensa que uma criança não se queixa quando sofre, somente por que não sofreu sem trégua desde que veio ao mundo? Se ele me responder "que existir e sofrer seria a mesma coisa para aquele que sempre tivesse sofrido, e que este não imaginaria

(26) Citação tirada do *Traité des Systèmes* de Condillac (NT).

que se pudesse suspender sua dor sem destruir sua existência", talvez eu poderia lhe replicar, o homem infeliz sem interrupção não dissesse: O que fiz para sofrer? Mas quem o impediria de dizer: Que fiz para existir? Entretanto, não vejo porque ele não teria os dois verbos sinônimos, *existo* e *sofro*, um para a prosa e o outro para a poesia, precisamente como temos as duas expressões, *eu vivo* e *eu respiro*. De resto, poderás notar melhor que eu, senhora, que essa passagem do padre Condillac está perfeitamente escrita; e receio realmente que digas, comparando minha crítica com sua reflexão, que preferes ainda um erro de Montaigne[27] a uma verdade de Charron[28].

E sempre digressões, poderás me dizer! Sim, senhora, é a condição de nosso tratado. Aqui vai agora minha opinião sobre as duas questões precedentes. Acho que a primeira vez que os olhos do cego de nascença se abrirem para a luz, ele não vai perceber absolutamente nada; vai ser necessário algum tempo para seu olho se experimentar; mas que vai se experimentar por si mesmo e sem a ajuda do tato, e que vai chegar não somente a distinguir as cores, mas a discernir pelo menos os limites grosseiros dos objetos. Vejamos agora se, na suposição de que adquirisse essa aptidão em um tempo muito curto ou que a obtivesse agitando seus olhos nas trevas, onde se teria tido o cuidado de encerrá-lo e de exortá-lo a esse exercício durante algum tempo após a operação e antes das experiências; vejamos, repito, se reconheceria com a vista os corpos que tivesse tocado e se estaria em condições de lhes conferir os nomes que lhes convêm; é a última questão que me resta a resolver.

Para me desincumbir de maneira que te agrade, porquanto gostas do método, eu distinguiria várias espécies de pessoas, com as quais se podem tentar as experiências. Se forem pessoas rudes, sem instrução, sem conhecimentos e não preparadas, penso que, tão logo a operação da catarata tiver eliminado perfeitamente o defeito do órgão e que o olho estiver sadio, os objetos vão se refletir nele muito distintamente; mas que essas pessoas, não estando habituadas a nenhuma espécie de raciocínio, não sabendo o que é sensação, ideia, não estando em condições de comparar as representações que receberam pelo tato com aquelas que lhes chegam pelos olhos, essas

(27) Michel Eyquem de Montaigne (1533-1592), escritor e pensador francês (NT).

(28) Pierre Charron (1541-1603), padre e moralista francês; em sua obra mais famosa *Traité de la sagesse* (Tratado da sabedoria), transpôs partes dos *Ensaios* de Montaigne, reformulando-as e conferindo-lhes um aspecto mais religioso e moralista (NT).

pessoas vão declarar: aí está um círculo, aí está um quadrado, sem que se possa dar fé em seu julgamento; ou mesmo haverão de convir ingenuamente que nada percebem nos objetos, que são apresentados à sua vista, que se pareça com aquilo que elas tocaram.

Há outras pessoas que, comparando as figuras que perceberão nos corpos com aquelas que produziam impressão em suas mãos e aplicando pelo pensamento seu toque a esses corpos que estão à distância, vão dizer de um que é um quadrado e do outro que é um círculo, mas sem saber muito bem por quê; a comparação das ideias que obtiveram pelo tato com aquelas que recebem pela vista não se realiza de modo bastante distinto para convencê-las da verdade de seu julgamento.

Vou passar, senhora, sem digressão, a um metafísico com o qual se pudesse tentar a experiência. Não duvido, de modo algum, que este raciocinaria desde o instante em que começasse a perceber distintamente os objetos, como se os tivesse visto durante toda a sua vida, e que, depois de ter comparado as ideias que lhe vêm pelos olhos com aquelas que teve pelo tato, dissesse com a mesma segurança que tu e eu: "Eu estaria realmente tentado a crer que é este corpo que sempre denominei círculo e que este é o corpo que sempre denominei quadrado; mas vou me abster, de qualquer maneira, de declarar que isso é assim. Quem me revelou que, se eu me aproximasse deles, não desapareceriam sob minhas mãos? Como vou saber se os objetos de minha vista são destinados a ser também os objetos de meu toque? Ignoro se o que é visível para mim é palpável; mas ainda que não estivesse nessa incerteza e que acreditasse na palavra das pessoas que me cercam, que o que vejo é realmente o que toquei, eu não teria avançado muito mais. Esses objetos poderiam muito bem se transformar em minhas mãos e reenviar pelo tato sensações totalmente contrárias àquelas que provo pela vista. Senhores, acrescentaria ele, este corpo me parece o quadrado e aquele, o círculo; mas não tenho nenhuma ciência de que sejam tais ao tato bem como à vista."

Se substituirmos um geômetra pelo metafísico, Saunderson por Locke, dirá como ele que, a crer em seus olhos, das duas figuras que vê, aquela é a que chamava de quadrado e esta a que chamava de círculo, e acrescentaria: "Pois percebo que não há outra senão a primeira em que posso arranjar os fios e colocar os alfinetes de cabeça grande, que marcavam os pontos angulares do quadrado, e que não há outra senão a segunda na qual possa inscrever ou circunscrever os fios que me eram necessários para demonstrar as propriedades do círculo. Aí está, portanto, um círculo, aí está, portanto, um quadrado! Mas, teria continuado com Locke, talvez, ao aplicar minhas mãos sobre essas figuras, elas se transformassem uma na outra, de maneira que a mesma figura poderia me servir para demonstrar aos cegos as propriedades do círculo e àqueles que enxergam as propriedades do quadrado. Talvez eu visse um quadrado e, ao mesmo tempo, sentiria um círculo. Não, teria prosseguido, estou enganado. Aqueles a quem eu demonstrava as propriedades do círculo e do quadrado não estavam com as mãos sobre meu ábaco e não tocavam os fios que havia distendido e que limitavam minhas figuras; entretanto, eles me compreendiam. Não viam, portanto, um quadrado quando eu sentia um círculo; sem isso nunca nos haveríamos entendido; eu lhes teria traçado uma figura e demonstrado as propriedades de outra; eu lhes teria dado uma linha reta por um arco de círculo e um arco de círculo por uma linha reta. Mas, uma vez que todos me entendiam, todos os homens enxergam, pois, uns como os outros? Vejo, portanto, quadrado o que eles viam quadrado e circular o que eles viam circular. Assim, aí está o que sempre denominei quadrado e aí está o que sempre denominei círculo".

Substituí o círculo pela esfera e o quadrado pelo cubo, porque tudo indica que não julgamos as distâncias senão pela experiência e, por conseguinte, que aquele que se serve de seus olhos pela primeira vez não vê senão superfícies e não sabe o que vem a ser saliência; a saliência de um corpo para a vista consiste no fato de que alguns de seus pontos parecem mais próximos de nós que outros.

Mas ainda que o cego de nascença julgasse, desde a primeira vez que vê, sobre a saliência e sobre a solidez dos corpos e que estivesse em condições de discernir não somente o círculo do quadrado, mas também a esfera do cubo, não creio por isso que ocorresse o mesmo com qualquer outro objeto mais composto. É bem provável que o cego de nascença do senhor Réaumur discernisse as cores umas das outras; mas pode-se apostar trinta contra um que se pronunciou ao acaso sobre a esfera e sobre o cubo; tenho por certo que, a não ser por uma revelação, não lhe foi possível reconhecer suas luvas, seu roupão e seu calçado. Estes objetos estão carregados de um número tão grande de modificações, há tão poucas relações entre sua forma total e aquela dos membros que são destinados a ornar ou a cobrir, que constituiria um problema cem vezes mais embaraçoso para Saunderson o de determinar o uso de seu boné quadrado do que para o senhor d'Alembert[29] ou Clairaut[30] o de descobrir o uso de suas tabelas.

Saunderson não deixaria de supor que reina uma relação geométrica entre as coisas e seu uso e, por conseguinte, teria percebido, em duas ou três analogias, que seu boné era feito para sua cabeça; não há aí nenhuma forma arbitrária que tendesse a extraviá-lo. Mas que teria pensado dos ângulos e da borda de seu boné quadrado? Para que serve esse topete? Por que de preferência, se teria perguntado, quatro ângulos e não seis? E essas duas modificações, que para nós são uma questão de ornamentos, teriam sido para ele a fonte de uma multidão de raciocínios absurdos ou, melhor, a ocasião para uma excelente sátira do que chamamos bom gosto.

Pesando as coisas de maneira madura, ter-se-á de confessar que a diferença que subsiste entre uma pessoa que sempre enxergou, mas para quem o uso de um objeto é desconhecido, e aquela que conhece o uso de um objeto, mas que nunca enxergou, não constitui vantagem para esta: entretanto, acreditas, senhora, que se te fosse mostrado hoje pela primeira vez um enfeite, nunca chegarias a adivinhar que é um adereço, e que é um adereço para a cabeça? Mas, se é tanto mais difícil para um cego de nascença, que vê pela primeira vez, julgar bem os objetos, conforme tenham um maior número de formas, quem o impediria de tomar um observador totalmente vestido e imóvel em uma poltrona colocada diante dele por um móvel ou por uma máquina; e uma árvore com folhas e ramos agitados pelo vento por um ser que se move, animado e pensante? Senhora, quantas coisas nos sugerem nossos sentidos e como teríamos dificuldade sem nossos olhos em supor que um bloco de mármore não pensa nem sente!

Resta, pois, a demonstrar que Saunderson estaria certo de que não se enganava no julgamento que acabava de proferir do círculo

(29) Jean Le Rond d'Alembert (1717-1783), matemático e filósofo francês, amigo de Diderot e colaborador dele na elaboração da grande Enciclopédia Francesa; Diderot escreveu dois opúsculos relembrando o amigo: *O sonho de d'Alembert* e *Um colóquio entre d'Alembert e Diderot* (NT).

(30) Alexis Claude Clairaut (1713-1765), matemático e astrônomo francês, aos 16 anos de idade foi admitido, por seus escritos, na Academia Francesa de Ciências; autor de várias obras, previu o retorno do cometa Halley, fixando sua passagem nas proximidades da Terra para o ano de 1782, o que de fato ocorreu (NT).

e do quadrado somente e que há casos em que o raciocínio e a experiência dos outros podem esclarecer a vista com relação ao tato e instruí-la de que aquilo que é assim para o olho é assim também para o tato.

Não seria, contudo, menos essencial quando alguém se propusesse a demonstração de alguma proposição de eterna verdade, como é chamada, comprovar sua demonstração, privando-a do testemunho dos sentidos; de fato, perceberás muito bem, senhora, que, se alguém pretendesse te provar que a projeção de duas linhas paralelas sobre um quadrado deve ser feita por duas linhas convergentes porque duas alamedas assim parece, esqueceria que a proposição é verdadeira para um cego como para ele.

Mas a suposição precedente do cego de nascença sugere duas outras: uma de um homem que enxergasse desde o nascimento e que não tivesse o sentido do tato, e a outra de um homem em quem os sentidos da vista e do tato estivessem perpetuamente em contradição. Poder-se-ia perguntar ao primeiro se, restituindo-lhe o sentido que lhe falta e tirando-lhe o sentido da vista por meio de uma venda, reconheceria os corpos ao tocar. É evidente que a geometria, caso fosse nela instruído, lhe haveria de fornecer um meio infalível de se certificar se o testemunho dos dois sentidos é contraditório ou não. Teria apenas de tomar o cubo ou a esfera entre as mãos, demonstrar a alguém suas propriedades e declarar, se pudesse ser compreendido, que a gente vê cubo o que ele sente cubo e que é, por conseguinte, o cubo que está segurando. Quanto àquele que ignorasse essa ciência, acho que não lhe seria mais fácil discernir pelo tato o cubo da esfera do que ao cego do senhor Molyneux distingui-los pela vista.

Com relação àquele em quem as sensações da vista e do tato fossem perpetuamente contraditórias, não sei o que pensaria das formas, da ordem, da simetria, da beleza, da feiura etc., segundo tudo indica, seria, com relação a essas coisas, o que nós somos relativamente à extensão e à duração reais dos seres. Ele declararia, em geral, que um corpo tem uma forma; mas deveria inclinar-se a acreditar que esta não é a que vê nem a que sente: semelhante homem poderia estar muito bem descontente com seus sentidos, mas seus sentidos não estariam nem contentes nem descontentes com os objetos. Se fosse tentado a acusar um deles de falsidade, creio que seria do tato que se queixaria. Cem circunstâncias o inclinariam a pensar que a figura dos objetos muda mais pela ação de suas mãos sobre eles do que por aquela dos objetos sobre seus olhos; mas, sem consequência desses preconceitos, a diferença de dureza e de moleza que observasse nos corpos seria muito embaraçosa para ele.

Mas do fato de que nossos sentidos não estão em contradição quanto às formas, segue-se disso que elas nos são mais bem conhecidas? Quem nos disse que não temos de nos haver com falsas testemunhas? No entanto, julgamos. Ai! Senhora, quando se chegou a pôr os conhecimentos humanos na balança de Montaigne, não se está muito longe de adotar sua divisa. De fato, que sabemos o que vem a ser a matéria? Coisa nenhuma. O que é o espírito, o que é o pensamento? Menos ainda. O que é o movimento, o espaço, a duração? Absolutamente nada. Verdades geométricas? Interroga matemáticos de boa-fé e vão te confessar que suas proposições são todas idênticas e que tantos volumes sobre o círculo, por exemplo, reduzem-se a nos repetir de cem mil maneiras diferentes que é uma figura em que todas as linhas traçadas do centro para a circunferência são iguais. Não sabemos então quase nada? Quantos escritos, no entanto, cujos autores pretenderam todos saber alguma coisa! Não chego a adivinhar por que o mundo não se enjoa de ler e de nada aprender, a menos que seja pela mesma razão pela qual há duas horas tenho a honra de te entreter, sem me entediar e sem nada te dizer.

Com o mais profundo respeito sou, senhora, teu muito humilde e obediente servidor.

Adições à Carta Sobre os Cegos

Vou jogar sem ordem sobre o papel fenômenos que não me eram conhecidos e que vão servir de provas ou de refutação a alguns parágrafos de minha *Carta sobre os cegos*. Há trinta e três ou trinta e quatro anos que a escrevi; eu a reli sem parcialidade e não estou muito descontente com ela. Embora a primeira parte me tenha parecido mais interessante que a segunda e que tenha sentido que aquela podia ser um pouco mais extensa e esta um pouco mais curta, deixaria uma e outra tais como as fiz, de medo que a página do jovem não se tornasse melhor pelo retoque do ancião. O que há de suportável nas ideias e na expressão, creio que o procuraria inutilmente hoje e receio ser igualmente incapaz de corrigir o que há de repreensível. Um pintor célebre de nossos dias[31] emprega os últimos anos de sua vida a estragar as obras-primas que produziu no vigor de sua idade. Não sei se os defeitos que repara nelas são reais; mas o talento que os retificaria, ou ele nunca o teve se levou as imitações da natureza até os últimos limites da arte, ou, se o tinha, ele o perdeu, porque tudo o que é do homem perece com o homem. Chega um tempo em que o gosto dá conselhos cuja justeza se reconhece, mas que não se tem mais a força de seguir.

(31) Maurice Quentin de la Tour (1704-1788), célebre retratista, a quem se deve retratos, entre outros, de d'Alembert e de Rousseau (NT).

É a pusilanimidade que nasce da consciência da fraqueza, ou a preguiça, que é uma das consequências da fraqueza e da pusilanimidade, que me desagrada em um trabalho que iria prejudicar mais do que servir ao melhoramento de minha obra.

Solve senescentem mature sanus equum, ne
Peccet ad extremum ridendus, et ilia ducat[32].
(Horácio, *Epistolae*, livro I, *epistola* I, vers. 8,9).

(32) Versos do poeta latino Quintus Horatius Flaccus (65-8 a.C.), que significam: "Tem o bom senso de desatrelar a tempo teu cavalo que envelhece, de medo que, em meio a risos, ele não tropece e faça arquejar seus flancos" (NT).

Fenômenos

I – Um artista que domina a fundo a teoria de sua arte e que não a cede a nenhum outro na prática, assegurou-me de que era pelo tato e não pela vista que julgava da redondeza dos pinhões; que os fazia rolar suavemente entre o polegar e o indicador e que era pela impressão sucessiva que discernia leves desigualdades que escapariam a seu olho.

II – Falaram-me de um cego que conhecia pelo tato qual era a cor dos tecidos.

III – Eu poderia citar um que faz arranjos de flores com aquela delicadeza de que J. J. Rousseau[33] se gabava quando confiava a seus amigos, seriamente ou por brincadeira, o propósito de abrir uma escola onde ministraria lições aos floristas de Paris.

IV – A cidade de Amiens viu um pedreiro cego dirigir um depósito de pedras de construção com tanta inteligência como se estivesse desfrutando de visão plena.

(33) Jean-Jacques Rousseau (1712-1778), filósofo e romancista suíço; entre suas obras, *A origem da desigualdade entre os homens* e *O contrato social* já foram publicadas nesta coleção da Editora Lafonte (NT).

V – O uso dos olhos tirava a um clarividente a segurança da mão; para rapar a cabeça, afastava o espelho e se postava diante de uma parede nua. O cego, que não percebe o perigo, torna-se tanto mais intrépido e não duvido que caminhe com um passo mais firme por sobre tábuas estreitas e elásticas que formassem uma ponte por cima de um precipício. Houve poucas pessoas que o aspecto de grandes profundidades não lhes obscurecesse a vista.

VI – Quem não conheceu ou não ouviu falar do famoso Daviel[34]? Assisti várias vezes a suas operações. Tinha eliminado a catarata de um ferreiro que havia contraído a doença no fogo contínuo de sua fornalha; e durante os vinte e cinco anos que havia deixado de enxergar, tinha adquirido tal hábito de se referir ao tato, que precisava maltratá-lo para se obrigar a servir-se do sentido que lhe havia sido restituído; Daviel lhe dizia, batendo nele: Queres olhar, carrasco!... Andava, agia; tudo o que nós fazemos com os olhos abertos, ele o fazia com os olhos fechados.

Poder-se-ia concluir que o olho não é tão útil a nossas necessidades nem tão essencial a nossa felicidade quanto estaríamos tentados crer. Qual é a coisa do mundo à qual uma longa privação que não é seguida de nenhuma dor não nos tornaria a perda indiferente se o espetáculo da natureza não tivesse mais encanto para o cego de Daviel? A vista de uma mulher que nos fosse cara? Não creio mesmo, qualquer que seja a consequência do fato que vou contar. A gente imagina que se se tivesse passado longo tempo sem ver, não se cansaria de olhar; isso não é verdade. Que diferença entre a cegueira momentânea e a cegueira habitual!

VII – A beneficência de Daviel trazia de todas as províncias do reino para seu laboratório doentes indigentes que vinham implorar sua ajuda e sua reputação atraía uma assembleia curiosa, instruída e numerosa. Creio que fazíamos parte dela no mesmo dia o senhor Marmontel e eu. O doente estava sentado; sua catarata foi retirada; Daviel pousa a mão sobre os olhos que acabava de reabrir para a luz. Uma mulher idosa, de pé ao lado dele, mostrava o mais vivo interesse pelo sucesso da operação; ela tremia com todos os seus membros

(34) Jacques Daviel (1696-1762), oftalmologista francês, foi o primeiro a tentar a extração do cristalino como tratamento da catarata (NT).

a cada movimento do operador. Este lhe faz sinal para se aproximar e a coloca de joelhos diante do operado; afasta suas mãos, o doente abre seus olhos, vê, exclama: "Ah! É minha mãe!...". Nunca ouvi um grito tão patético; parece-me que ainda o ouço. A velha senhora desmaia, as lágrimas correm dos olhos dos assistentes e as esmolas caem de suas bolsas.

VIII – De todas as pessoas que foram privadas da vista quase ao nascer, a mais surpreendente que jamais existiu e que existirá é a senhorita Mélanie de Salignac[35], parenta do senhor de La Fargue, tenente-general dos exércitos do rei, ancião que acaba de morrer com a idade de noventa e um anos, coberto de ferimentos e cumulado de honras; ela é filha da senhora Blacy, que ainda vive e que não passa um dia sem lamentar uma criança que constituía a felicidade de sua vida e a admiração de todos os seus conhecidos. A senhora Blacy é uma mulher distinta pela eminência de suas qualidades morais e que pode ser interrogada sobre a verdade de meu relato. É de sua boca que recolho, sobre a vida da senhorita Salignac, as particularidades que puderam me escapar durante um intercâmbio de intimidade que começou com ela e com sua família em 1760 e que durou até 1763, ano de sua morte.

Tinha uma razão de grande solidez, uma doçura encantadora, uma sutileza pouco comum nas ideias e algo de ingenuidade. Uma de suas tias convidou sua mãe a vir ajudá-la a agradar a dezenove homens rudes que recebia para o almoço e sua sobrinha dizia: "*Não compreendo realmente, minha querida tia; por que agradar a dezenove mal-educados? Para mim, só quero agradar a quem amo*".

O som da voz tinha para ela a mesma sedução ou a mesma repugnância que a fisionomia para aquele que vê. Um de seus parentes, coletor geral de finanças, teve com a família um mau procedimento, que ela não esperava, e dizia com surpresa: "*Quem poderia acreditar em uma voz tão meiga*? Quando ela ouvia cantar, distinguia vozes *morenas* e vozes *louras*".

Quando alguém lhe falava, julgava a estatura pela direção do som que a atingia do alto para baixo, se a pessoa fosse alta, ou de baixo para cima, se a pessoa fosse baixa.

(35) Mélanie de Salignac era conhecida de Diderot, pois era sobrinha de Sophie Volland, amiga do escritor e filósofo (NT).

Não se preocupava em enxergar; e um dia que lhe perguntei a razão, ela me respondeu: "É que eu teria apenas meus olhos, ao passo que assim desfruto dos olhos de todos; é que, por essa privação, torno-me objeto contínuo de interesse e de comiseração; ai de mim se eu enxergasse! Logo ninguém se preocuparia mais comigo".

Os erros da vista haviam diminuído para ela em muito o valor desta. Dizia: "Estou à entrada de uma longa alameda; em sua extremidade, há um objeto: um de vocês o vê em movimento; o outro o vê parado; um diz que é um animal, outro que é um homem, e verifica, ao aproximar-se, que é um tronco. Todos ignoram se a torre que veem ao longe é redonda ou quadrada. Eu desafio os redemoinhos de vento, enquanto aqueles que me cercam fecham os olhos e ficam infelizes, às vezes, durante um dia inteiro, por não os terem fechado a tempo. Não é preciso mais que um átomo imperceptível para atormentá-los cruelmente...". À aproximação da noite, ela dizia que "*nosso reino ia terminar e que o seu ia começar*". Compreende-se que, vivendo nas trevas com o hábito de agir e de pensar durante uma noite eterna, a insônia, que nos é tão irritante, para ela não chegava sequer a ser importuna.

Ela não me perdoava por ter escrito que os cegos, privados dos sintomas do sofrimento, deviam ser cruéis. Dizia-me: "E crês que ouves o lamento como eu?" – "Há infelizes que sabem sofrer sem se queixar." – "Acredito, acrescentava ela, que eu logo teria percebido e que não os lamentaria mais."

Era apaixonada por leitura e louca por música. Dizia: "Acredito que nunca me cansaria de ouvir cantar ou tocar de modo sublime um instrumento, e se essa felicidade constituísse o único presente a ser desfrutado no céu, eu não ficaria triste por estar lá. Pensas corretamente quando afirmas que a música é a mais violenta das belas-artes, sem excetuar nem a poesia nem a eloquência; que o próprio Racine[36] não se exprimia com a delicadeza de uma harpa, pois sua melodia era pesada e monótona em comparação com aquela de um instrumento e que tu, muitas vezes, terias desejado conferir a teu estilo a força e a leveza dos tons de Bach[37]. Para mim, é a mais bela das línguas que conheço. Nas línguas faladas, quanto melhor se pronuncia, mais se articulam as silabas; ao passo que, na língua

(36) Jean Baptiste Racine (1639-1699), poeta trágico francês (NT).
(37) Johann Sebastian Bach (1685-1750), compositor alemão (NT).

musical, os sons mais distantes, do grave ao agudo e do agudo ao grave, são encadeados e se seguem imperceptivelmente; é por assim dizer uma única e longa sílaba que, a cada instante, varia de inflexão e de expressão. Enquanto a melodia traz essa sílaba a meu ouvido, a harmonia executa sem confusão, em uma multidão de instrumentos diversos, duas, três, quatro ou cinco, que todas concorrem para fortalecer a expressão da primeira, e as partes cantantes são tantos outros intérpretes que eu dispensaria realmente, quando o sinfonista é homem de gênio e sabe conferir caráter a seu canto".

"É principalmente no silêncio da noite que a música é expressiva e deliciosa."

"Estou convencida de que, distraídos por seus olhos, aqueles que me enxergam não podem ouvi-la nem a entender como eu a ouço e a entendo. Por que o elogio que me fazem dela me parece pobre e fraco? Por que nunca pude falar dela como a sinto? Por que haveria de me deter no meio de minha conversa, procurando palavras que descrevessem minha sensação sem encontrá-las? Será que não foram ainda inventadas? Eu não poderia comparar o efeito da música senão à embriaguez que experimento quando, após uma longa ausência, precipito-me entre os braços de minha mãe, momento em que a voz me falta, os membros tremem, as lágrimas correm, os joelhos se dobram; sinto-me como se fosse morrer de prazer".

Tinha o sentimento mais delicado do pudor; e quando lhe perguntava a razão disso, dizia-me: "É o efeito das palavras de minha mãe; ela me repetiu tantas vezes que a visão de certas partes do corpo convidava ao vício; e eu te confessaria, se ousasse, que faz pouco tempo que o compreendi e que talvez tenha sido preciso que eu deixasse de ser inocente".

Morreu de um tumor nas partes naturais internas, que nunca teve a coragem de declarar.

Ela era, em suas vestes, em sua roupa branca, em sua pessoa, de um asseio tanto mais requintado quanto, não enxergando, nunca estava bastante segura de ter feito o que era necessário para poupar aos que a viam o desgosto do vício oposto.

Se lhe ofereciam de beber, ela conhecia, pelo ruído do líquido ao cair, quando seu copo estava bastante cheio. Tomava os alimentos com uma circunspecção e uma destreza surpreendentes.

Fazia de vez em quando a brincadeira de se postar diante de

um espelho para se enfeitar e imitar todos os trejeitos de uma jovem que se prepara com todas as armas. Essa pequena macaquice era de uma verdade capaz de levar às gargalhadas.

Haviam primado, desde sua mais tenra juventude, em aperfeiçoar nela os sentidos que lhe restavam, e é incrível até que ponto tinham conseguido. O tato lhe havia ensinado, sobre as formas dos corpos, singularidades muitas vezes ignoradas por aqueles com os melhores olhos.

Tinha o ouvido e o olfato refinados; julgava, pela impressão do ar, das condições da atmosfera, se o tempo era nublado ou sereno, se estava caminhando em uma praça ou em uma rua, em uma rua ou em um beco sem saída, em um local aberto ou em um local fechado, em um vasto apartamento ou em um quarto estreito.

Ela media o espaço circunscrito pelo rumor de seus pés ou pela repercussão de sua voz. Quando havia percorrido uma casa, a topografia lhe ficava na cabeça, a ponto de prevenir os outros sobre os pequenos perigos a que se expunham, dizendo: "*Cuidado, aqui a porta é muito baixa; ali vais encontrar um degrau*".

Notava nas vozes uma variedade que nos é desconhecida e, quando tinha ouvido uma pessoa falar uma vez, era para sempre.

Era pouco sensível aos encantos da juventude e ficava pouco impressionada com as rugas da velhice. Dizia que para ela só tinha a temer pelas qualidades do coração e do espírito. Era mais uma das vantagens da privação da vista, sobretudo para as mulheres. Dizia: "*Nunca um belo homem vai me fazer virar a cabeça*".

Era confiante. Era tão fácil, e teria sido tão vergonhoso, enganá-la! Era uma perfídia inescusável induzi-la a crer que estava sozinha em um apartamento.

Não tinha nenhuma espécie de pânico; raramente sentida tédio; a solidão lhe havia ensinado a bastar-se a si mesma. Tinha observado que nas viaturas públicas, em viagem, ao cair do dia, todos ficavam silenciosos. "*Para mim, não tenha necessidade de ver aqueles com quem gosto de conversar*".

De todas as qualidades, o julgamento sadio, a doçura e a alegria eram aquelas que mais prezava.

Falava pouco e escutava muito: "*Eu me pareço com os pássaros, aprendo a cantar nas trevas*".

Comparando o que tinha ouvido de um dia a outro, ficava revoltada com a contradição de nossos julgamentos: parecia-lhe quase indiferente ser elogiada ou recriminada por seres tão inconsequentes.

Haviam-lhe ensinado a ler com caracteres recortados. Tinha a voz agradável; cantava com gosto; teria de bom grado passado a vida nos concertos ou na ópera; não havia praticamente senão a música barulhenta que a entediasse. Dançava que era um encanto; tocava muito bem, além disso, a viola, e havia feito desse talento um meio para se fazer procurar por jovens de sua idade, aproveitando para aprender as danças e contradanças na moda.

Era a mais amada de seus irmãos e irmãs. Dizia: "Olha só o que ainda devo a minhas enfermidades: apegam-se a mim pelos cuidados que me dispensaram e pelos esforços que fiz para reconhecê-los e para merecê-los. Acrescente-se ainda que meus irmãos e minhas irmãs não sentem ciúmes por isso. Se eu tivesse olhos, seria às custas de meu espírito e de meu coração. Tenho tantos motivos para ser boa! O que seria de mim se perdesse o interesse que inspiro?"

No desmoronamento da fortuna de seus pais, a perda dos professores foi a única que lamentou; mas eles tinham tanto apego e estima por ela, que o geômetra e o músico lhe suplicaram com insistência que aceitasse gratuitamente suas lições e ela dizia à mãe: "*Mamãe, o que fazer? Eles não são ricos e necessitam de todo o tempo deles*".

Haviam-lhe ensinado música por meio de caracteres em relevo, que eram colocados sobre linhas sobressalentes na superfície de uma grande mesa. Lia esses caracteres com a mão; executava-os em seu instrumento e, em pouquíssimo tempo de estudo, havia aprendido a tocar com partitura a peça mais longa e mais complicada.

Dominava os elementos de astronomia, de álgebra e de geometria. Sua mãe, que lhe lia o livro do padre La Caille[38], lhe perguntava, às vezes, se entendia aquilo e ela respondia: "*Sem problema*".

Ela achava que a geometria era a verdadeira ciência dos cegos porque exigia intensa aplicação e porque não havia necessidade de nenhum auxílio para se aperfeiçoar. "*O geômetra passa quase a vida toda de olhos fechados*".

Vi os mapas nos quais ela havia estudado geografia. As paralelas e os meridianos são fios de latão; os limites dos reinos e das

(38) Nicolas Louis de La Caille (1713-1762), astrônomo e matemático francês; o livro em questão se intitulava *Leçons élémentaires de mathématiques ou Éléments d'algèbre et de géometrie* (NT).

províncias são distinguidos por bordados de linha de seda ou de lã mais ou menos forte; os rios, os riachos e as montanhas, por meio de cabeças de alfinetes maiores ou menores; e as cidades mais ou menos importantes, por meio de gotas de cera desiguais.

Eu lhe dizia um dia: "Senhorita, imagina um cubo. – Eu o vejo. – Imagina um ponto no centro do cubo. – Está feito. – Desse ponto, estica linhas retas até os ângulos; pois bem, assim terás dividido o cubo. – Em seis pirâmides iguais, acrescentou por si mesma, tendo cada uma as mesmas faces, a base do cubo e a metade de sua altura. – Isso é verdade; mas onde vês isso? – Em minha cabeça, como tu".

Confesso que nunca compreendi nitidamente como ela imaginava em sua cabeça sem colorir. Esse cubo se teria formado pela memória das sensações ao tocar? Seu cérebro se teria tornado uma espécie de mão sob a qual as substâncias se realizavam? Havia-se estabelecido com o tempo uma espécie de correspondência entre dois sentidos diversos? Por que não existe essa relação em mim e não vejo nada em minha cabeça sem colorir? O que é a imaginação de um cego? Esse fenômeno não é tão fácil de explicar como se poderia acreditar.

Ela escrevia com um alfinete, com o qual picava uma folha de papel estendida sobre um quadro atravessado por duas lâminas paralelas e moveis que não deixavam entre si espaço vazio, a não ser o intervalo de uma linha à outra. A mesma escrita servia para a resposta, que ela lia passeando a ponta de seu dedo sobre as pequenas desigualdades que o alfinete ou a agulha haviam praticado no *verso* do papel.

Lia um livro que havia sido impresso somente de um lado. Prault[39] o havia impresso dessa maneira para o uso dela.

Uma de suas cartas foi publicada no *Mercure*[40] da época.

Tinha tido a paciência de copiar à agulha o *Sumário Histórico* do presidente Hénault[41], e obtive da senhora Blacy, mãe dela, esse singular manuscrito.

Há um fato em que dificilmente se poderá acreditar, apesar do testemunho de toda a sua família, o meu e aquele de vinte pessoas que ainda vivem; é que, de uma peça de doze a quinze versos, se alguém lhe dava a primeira letra e o número de letras de que cada pala-

(39) Editor e impressor francês (NT).

(40) *Mercure de France*, periódico semanal francês que circulou de 1672 a 1825 (NT).

(41) Historiador e poeta (1685-1770); o título completa do livro citado é *Nouvel Abrégé Chronologique de l'Histoire de France* (NT).

vra era composta, ela encontrava a peça proposta, por mais extravagante que fosse. Eu mesmo fiz a experiência com anfiguris de Collé[42]. Ela encontrava, às vezes, uma expressão mais feliz que a do poeta.

Enfiava com rapidez a linha na agulha mais fina, esticando o fio ou a seda sobre o indicador da mão esquerda e puxando, pelo buraco da agulha colocada perpendicularmente, esse fio ou essa seda com uma ponta bem afilada.

Não havia qualquer espécie de pequenos trabalhos que não executasse; bainhas, bolsas cheias ou simetrizadas, de diferentes desenhos, de diversas cores; ligas, pulseiras, colares com pequenas contas de vidro, como caracteres tipográficos. Não duvido que poderia ter sido um bom compositor de tipografia: quem pode fazer o mais difícil faz o mais fácil.

Jogava perfeitamente o reversivo, o mediador e a quadrilha[43]; arrumava sozinha suas cartas, que distinguia por pequenos traços que reconhecia ao toque e que os outros não reconheciam nem à vista nem ao toque. No reversivo, mudava de sinais nos ases, sobretudo nos ás de outro e no valete de copas. A única atenção que se dava a ela era falar o nome da carta ao jogá-la. Se ocorria que o valete de copas estivesse ameaçado, espalhava-se nos lábios dela um leve sorriso que não conseguia conter, embora conhecesse sua indiscrição.

Era fatalista; pensava que os esforços que fazemos para escapar de nosso destino não servem senão para nos conduzir a ele. Quais eram suas opiniões religiosas? Ignoro; é um segredo que ela guardava por respeito por uma mãe piedosa.

Só me resta te expor suas ideias sobre a escrita, o desenho, a gravura e a pintura; não creio que se possa ter outras mais próximas da verdade; é assim, espero, que se vai julgar pela conversa que se segue e da qual sou um interlocutor. Foi ela quem falou por primeiro.

– Se tivesses traçado em minha mão, com um estilete, um nariz, uma boca, um homem, uma mulher, uma árvore, certamente eu não me enganaria; não deixaria até mesmo, se os traços fossem exatos, de reconhecer a pessoa cuja imagem tivesses desenhado: minha mão se tornaria para mim um espelho sensível; mas grande é a diferença entre essa tela e o órgão da vista.

---

(42) Charles Collé (1709-1783), dramaturgo, autor de peças em versos propositadamente desordenados (NT).

(43) Jogos de cartas da época (NT).

Suponho, portanto, que o olho é uma tela viva de uma delicadeza infinita; o ar atinge o objeto, desse objeto é refletido para o olho, que recebe dele uma infinidade de impressões diversas conforme à natureza, à forma, à cor do objeto e talvez às qualidades do ar que me são desconhecidas, e que tu também não conheces melhor que eu; e é pela variedade dessas sensações que te é pintado.

Se a pele de minha mão se igualasse à delicadeza de teus olhos, veria por meio de minha mão como tu vês por meio de teus olhos e imagino, às vezes, que há animais que são cegos e que, nem por isso, são menos clarividentes.

– E o espelho?

– Se todos os corpos não são outros tantos espelhos, é por algum defeito em sua contextura, que extingue a reflexão do ar. Eu me apego tanto mais a essa ideia, quanto o ouro, a prata, o ferro, o cobre polidos se tornam próprios para refletir o ar, e que a água agitada e o espelho riscado perdem essa propriedade.

É a variedade da sensação e, por conseguinte, da propriedade de refletir o ar nas matérias que empregas, que distingue a escrita do desenho, o desenho da estampa e a estampa do quadro.

A escrita, o desenho, a estampa e o quadro de uma só cor são outros tantos camafeus.

– Mas quando não há senão uma cor, não se deveria discernir senão essa cor.

– É aparentemente o fundo da tela, a espessura da cor e a maneira de empregá-la que introduzem na reflexão do ar uma variedade correspondente àquela das formas. De resto, não me perguntes mais nada, não sou mais sábia que isso.

– E eu me daria muito trabalho inútil para te ensinar mais a respeito.

Não te relatei, sobre essa jovem cega, tudo o que poderia ter observado se a visitasse mais e a interrogasse com talento; mas te dou minha palavra de honra que não te contei nada que fosse além de minha experiência no caso.

Ela morreu com a idade de vinte e dois anos. Com a memória imensa e a penetração igual a sua memória, que caminho não teria percorrido nas ciências, se dias mais longos lhe tivessem sido concedidos! A mãe lia para ela a história e era uma função igualmente útil e agradável tanto para uma como para a outra.

Carta sobre os Surdos e Mudos

Endereçada àqueles que ouvem e falam

... Versisque viarum
Indiciis raptos; pedibus vestigia rectis
Ne qua forent...[44]
(*Eneida*, livro VIII)

(44) Versos extraídos, mas um pouco alterados, da *Eneida* de Publius Vergilius Maro (71-19 a.C.), poeta latino, e que significam: "Fazia caminhar o rebanho roubado para trás, a fim de não deixar pegadas de suas patas em sentido direto..." (NT).

Apresentação

Enquanto a *Carta sobre os cegos* trata realmente, e com grande destaque, do problema da cegueira, a *Carta sobre os surdos e mudos* não é tão direta nem penetra mais a fundo nos problemas da surdez e da mudez. Esta segunda Carta envereda especialmente nos problemas de linguagem, abordando, sobretudo, os efeitos poéticos, os problemas de tradução da poesia e a estética na linguagem. Em outras palavras, a *Carta sobre os surdos e mudos* se ocupa precipuamente de temas literários.

Discute longamente a tradução com as deficiências normalmente apresentadas na passagem de um texto de uma língua para outra. Mais do que apresentar soluções sobre o assunto, tece críticas a traduções deturpadoras, mal-feitas ou que desvirtuam o sentido do pensamento do autor original. Discute igualmente o problema da inversão na linguagem, tema que suscitava grandes querelas na época e, em decorrência disso, passa a estabelecer comparações entre as diversas línguas da Europa, chegando a uma estranha classificação entre línguas mais próprias para a literatura e outras para a ciência em geral.

Em princípio, esta Carta é dirigida não tanto aos surdos e aos mudos, mas aos linguistas que tratam da ciência da linguagem e de suas mais diversas expressões e aplicações.

O tradutor

CARTA DO AUTOR AO SENHOR B., SEU LIVREIRO[45]

De V..., 20 de janeiro de 1751

Envio-lhe, senhor, a carta ao autor de *Belas-artes reduzidas a um mesmo princípio*[46], revista, corrigida e aumentada a conselho de meus amigos, mas sempre com o mesmo título.

Concordo que esse título é aplicável indistintamente ao grande número daqueles que *falam sem ouvir*; ao pequeno número daqueles que *ouvem sem falar*; e ao mínimo número daqueles que *sabem falar e ouvir*, embora minha *Carta* não seja praticamente senão para uso destes últimos.

Concordo ainda que foi redigido à imitação de outro que não é muito bom, mas estou cansado de procurar outro melhor. Assim, de qualquer importância que lhe pareça a escolha de um título, aquele de minha *Carta* ficará tal como está.

Não gosto muito das citações; aquelas do grego, menos que qualquer outra: elas conferem a uma obra um ar científico, que, entre nós, não está mais na moda. A maioria dos leitores tem pavor delas; e eu tiraria daqui esse espantalho, se pensasse como livreiro; mas nada disso: deixe, portanto, o grego em toda parte onde o inseri. Se pouco lhe importa que uma obra seja boa, contanto que seja lida, disso, pois, cuido eu, que é de realizar muito bem minha obra, sob o risco de ser um pouco menos lido.

(45) O livreiro em questão é o senhor Bauche, de uma família de editores de Paris (NT).

(46) A carta sobre os surdos e mudos é endereçada ao padre Batteux, autor do livro publicado em 1746, *Beaux-Arts réduits à un même principe* (NT).

Quanto à multidão de objetos sobre os quais me divirto em esvoaçar, saiba e aprenda daqueles que o aconselham, que não é uma falha em uma carta em que se supõe poder conversar livremente e em que a última palavra de uma frase é uma transição suficiente.

Pode, portanto, imprimir meu livro, se isso é tudo o que o detém; mas que seja sem o nome do autor, por favor; terei sempre o tempo para me tornar conhecido. Sei, de antemão, a quem será atribuída minha obra; e sei muito bem ainda a quem não se haverá de atribuí-la, se houver singularidade nas ideias, certa imaginação, estilo, não sei que ousadia de pensar que ficaria muito irritado de a ter, uma exposição de matemática, de metafísica, de italiano, de inglês e, sobretudo, menos de latim e de grego, e mais de música.

Vigie, lhe peço, para que não escapem erros nos exemplos; bastaria um para estragar tudo. Poderá encontrar no quadro do último livro de Lucrécio, da bela edição de Havercamp[47], a figura de que preciso; é suficiente tirar dela somente uma criança que a esconde pela metade, supor para ela um ferimento sob o seio e fazê-la tomar o arco, O senhor S..., meu amigo, encarregou-se de rever as provas; ele mora na rua Neuve... Sou, senhor, seu etc.

(47) Ver figura 3, mais adiante, extraída do livro *De rerum natura*, tomo II, p. 422, publicado por Havercamp, Louvain, 1725 (NT).

Carta sobre os surdos e mudos endereçada àqueles que ouvem e falam

Na qual se trata da origem das inversões, da harmonia do estilo, do sublime da situação, de algumas vantagens da língua francesa sobre a maioria das línguas antigas e modernas e, ocasionalmente, da expressão particular das belas-artes.

Não tive a intenção, senhor, de me beneficiar de tuas pesquisas, e podes reivindicar nesta carta tudo o que te convier. Se ocorreu com minhas ideias de serem próximas das tuas, é como a hera que por vezes lhe acontece de misturar suas folhas com aquelas do carvalho. Poderia ter-me dirigido ao padre Condillac ou ao senhor Dumarsais[48], pois eles também trataram do tema das inversões; mas tu te ofereceste por primeiro a meu pensamento e te preferi, bem persuadido de que o público não tomaria um encontro feliz por uma preferência. O único receio que tenho é o de te distrair e te furtar instantes que, sem dúvida, concederias ao estudo da filosofia e que o tens de fazer.

Para tratar adequadamente a matéria das inversões, creio que convém examinar como as línguas se formaram. Os objetos sensíveis foram os primeiros que impressionaram os sentidos, e aqueles que reuniam várias qualidades sensíveis ao mesmo tempo foram os

(48) Étienne Bonnot de Condillac (1714-1780), filósofo francês, havia tratado o tema das inversões em seu *Essai sur l'origine des connaissances humaines;* César Chesneau Dumarsais (1676-1756), gramático francês, amigo de Diderot e enciclopedista, havia abordado a mesma questão em *Exposition d'une méthode raisonnée pour apprendre la langue latine* e em *Traité sur l'inversion* (NT).

primeiros a serem designados; são os diferentes indivíduos que compõem este universo. A seguir, passou´se a distinguir as qualidades sensíveis umas das outras; foram conferidos nomes a elas; constituem a maioria dos adjetivos. Finalmente, abstração feita dessas qualidades sensíveis, foi encontrada, ou se acreditou ter encontrado alguma coisa de comum em todos esses indivíduos, como a impenetrabilidade, a extensão, a cor, a figura etc. e assim se formaram os nomes metafísicos e gerais e quase todos os substantivos. Pouco a pouco, acostumamo-nos a acreditar que esses nomes representavam seres reais: as qualidades sensíveis foram consideradas como simples acidentes; e se passou a imaginar que o adjetivo era realmente subordinado ao substantivo, embora o substantivo não seja propriamente nada, e que o *adjetivo seja tudo*. Se alguém perguntar o que é um corpo, responderás que é *uma substância extensa, impenetrável, figurada, colorida e móvel*. Mas tira dessa definição todos os adjetivos, o que vai sobrar para esse ser imaginário que chamas de *substância*? Se a gente quisesse incluir na mesma definição os termos, segundo a ordem natural, dir-se-ia *colorida, figurada, extensa, impenetrável, móvel, substância*. É nessa ordem que as diferentes qualidades das partes da matéria afetariam, parece-me, um homem que visse um corpo pela primeira vez. O olho seria atingido primeiramente pela figura, pela cor e pela extensão; o tato, aproximando-se em seguida do corpo, descobriria nele a impenetrabilidade; e a vista e o tato confirmariam a mobilidade. Não haveria, portanto, nenhuma inversão nesta definição; e há uma naquela que demos antes. Disso resulta que, se se quiser sustentar que não há inversão em francês, ou pelo menos que é muito mais rara do que nas línguas sábias, pode-se, no entanto, sustentar, nesse sentido, que nossas construções são, em sua maioria, uniforme; que o substantivo nelas é colocado sempre ou quase sempre antes do adjetivo e o verbo entre os dois. De fato, se essa questão for examinada em si mesma, isto é, se o adjetivo deve ser colocado antes ou depois do substantivo, chegar-se-á ao resultado que, muitas vezes, invertemos a ordem natural das ideias: o exemplo que acabo de dar é uma prova disso.

Digo *a ordem natural* das ideias; de fato, é preciso distinguir aqui *a ordem natural* da *ordem de instituição* e, por assim dizer, da *ordem científica*; aquela das perspectivas do espírito quando a língua já foi totalmente formada.

Os adjetivos, representando geralmente as qualidades sensíveis, são os primeiros na ordem natural das ideias; mas para um filósofo, ou melhor, para muitos filósofos que se acostumaram a considerar os substantivos abstratos como seres reais, esses substantivos são os primeiros na ordem científica, sendo, segundo sua maneira de falar, o suporte e o sustentáculo dos adjetivos. Assim, das duas definições do corpo que demos, a primeira segue a ordem científica ou de instituição; a segunda, a ordem natural.

Disso se poderia tirar uma consequência; é que somos talvez devedores à filosofia peripatética[49], que realizou todos os seres gerais e metafísicos por não haver mais quase em nossa língua daquilo que chamamos inversões nas línguas antigas. Com efeito, nossos autores gauleses as têm muito mais que nós, e essa filosofia reinou enquanto nossa língua se aperfeiçoava sob Luís XIII e sob Luís XIV. Os antigos, que generalizavam menos e que estudavam mais a natureza em detalhe e por indivíduos, tinham em sua língua um andar menos monótono, e talvez a palavra *inversão* fosse muito estranha para eles. Não vais me objetar aqui, senhor, que a filosofia peripatética é aquela de Aristóteles e, por conseguinte, de uma parte dos antigos, pois certamente ensinas a teus discípulos que nosso peripatetismo era bem diferente daquele de Aristóteles.

Mas não talvez necessário remontar ao nascimento do mundo e à origem da língua para explicar como as inversões foram introduzidas e conservadas nas línguas. Bastaria, assim o creio, transportar-se em pensamento para o meio de um povo estranho, cuja língua se desconhecesse; ou, o que significa praticamente o mesmo, poder-se-ia empregar um homem que, proibido de fazer uso dos sons articulados, procurasse se expressar por meio de gestos.

De resto, cuidaria para conceder a meu mudo convencional todo o tempo para compor sua resposta; quanto às perguntas, não deixaria de inserir nelas as ideias de que estaria muito curioso em conhecer sua expressão por meio de gestos e o tipo em semelhante língua. Não deixaria de ser uma coisa, se não útil pelo menos divertida, multiplicar as experiências sobre as mesmas ideias; e propor as mesmas perguntas a várias pessoas ao mesmo tempo. Para mim, parece-me que um filósofo que se exercitasse dessa manei-

(49) Era chamada *Escola peripatética* a fundada por Aristóteles em Atenas no século IV antes de Cristo. Sua denominação se deve ao local onde funcionava, *Peripátos* (NT).

ra com alguns de seus amigos, bons espíritos e bons lógicos, não perderiam inteiramente seu tempo. Algum Aristófanes[50] faria disso, sem dúvida, uma cena excelente; mas que importa? Haveria de dizer a si mesmo o que Zenon[51] dizia a seu prosélito: "ει φιλοσοφιασ επιθυμεισ, παρασκευαζου αυτοθεν, ωσ καταγελαθησομενοσ, ωσ" etc. "Se quiseres ser filósofo, prepara-te para ser ridicularizado." A bela máxima, senhor, como seria capaz de colocar acima dos discursos dos homens e de todas as considerações frívolas, almas menos corajosas ainda que as nossas!

Não deves confundir o exercício que te proponho aqui com a pantomima usual. Transmitir uma ação ou transmitir um discurso por meio de gestos são duas versões muito diferentes. Não duvido que tenha havido inversões naquelas de nossos mudos; que cada um deles tenha tido seu estilo, e que as inversões não produzissem diferenças tão marcantes como aqueles que são encontradas nos antigos autores gregos e latinos. Mas como o estilo que se tem é sempre aquele que se julga o melhor, a conversa que se seguisse às experiências só poderia ser muito filosófica e viva: de fato, todos os nossos mudos convencionais seriam obrigados, quando lhes fosse restituído o uso da palavra, a justificar não somente sua expressão, mas também a preferência que tivessem dado na ordem de seus gestos a essa ou àquela ideia.

Esta reflexão, senhor, leva-me a outra. É um pouco distante da matéria que trato, mas em uma carta os distanciamentos são permitidos, sobretudo quando podem conduzir a perspectivas úteis.

Minha ideia seria, portanto, a de decompor, por assim dizer, um homem e considerar o que ele obtém de cada um dos sentidos que possui. Lembro de me ter ocupado algumas vezes dessa espécie de anatomia metafísica e achava que, de todos os sentidos, o olho era o mais superficial, o ouvido o mais orgulhoso, o olfato o mais voluptuoso, o gosto o mais supersticioso e o mais inconstante, o tato o mais profundo e o mais filósofo. Seria, a meu ver, uma sociedade agradável, como a de cinco pessoas em que cada uma só tivesse um sentido; não há dúvida de que essas pessoas não haveriam de se tratar todas como insensatas, e te deixo pensar com que fundamento. Essa é, no entanto, uma imagem do que ocorre a todo momento no

(50) Aristófanes (445-386 a.C.), poeta cômico grego, em seu livro *As nuvens* ridiculariza Sócrates (NT).
(51) Zenon de Cítio (335-264 a.C.), filósofo grego, fundador de escola de estoicos (NT).

mundo; não temos senão um sentido e julgamos tudo. De resto, há uma observação singular a fazer sobre essa sociedade de cinco pessoas em que cada uma só desfrutasse de um sentido; é que pela faculdade que teriam de abstrair, poderiam todas elas ser geômetras, entender-se maravilhosamente, mas só se entender em geometria. Retorno, porém, a nossos mudos convencionais e às perguntas das quais se lhes exigiria a resposta.

Se essas perguntas fossem de natureza a permitir mais de uma, aconteceria quase necessariamente que um dos mudos faria uma, outro faria outra, e que a comparação de seus discursos seria, senão impossível, pelo menos difícil. Esse inconveniente me levou a imaginar que, em lugar de propor uma pergunta, talvez fosse melhor propor um discurso a ser traduzido do francês por gestos. Não se deveria deixar de proibir a elipse aos tradutores. A língua dos gestos já não é demasiado clara; não precisaria aumentar ainda mais seu laconismo pelo uso dessa figura. Compreende-se o esforço que fazem os surdos e mudos de nascença para se tornar inteligíveis, porquanto exprimem tudo o que podem exprimir. Recomendaria, portanto, a nossos mudos convencionais a imitá-los e não formar, tanto quanto possível, nenhuma frase em que o sujeito e o atributo com todas as suas dependências fossem enunciados. Em uma palavra, só estariam livres na ordem que julgassem oportuno conferir às ideias, ou melhor, aos gestos que haveriam de empregar para representá-los.

Tenho, porém, um escrúpulo: é que, oferecendo-se os pensamentos a nosso espírito, não sei por qual mecanismo, mais ou menos sob a forma que teriam no discurso e, por assim dizer, bem-vestidos; haveria a recear que esse fenômeno particular prejudicasse o gesto de nossos mudos convencionais; que não sucumbissem a uma tentação que impele quase todos aqueles que escrevem para outra língua que não a própria, a tentação de modelar o arranjo de seus sinais segundo o arranjo dos sinais da língua que lhes é habitual e que, da mesma maneira que nossos melhores latinistas modernos, sem excetuar nem um nem outro, caem em rodeios franceses, evidenciando que a construção de nossos mudos não seria a verdadeira construção de um homem que jamais teve noção alguma da língua. Que pensas disso, senhor? Esse inconveniente seria talvez menos frequente do que imagino, se nossos mudos convencionais fossem mais filósofos que oradores; mas, em todo caso, a gente poderia se dirigir a um surdo e mudo de nascença.

Posso te assegurar, senhor, que semelhante tradução seria muito louvável, se não fosse até melhor que a maioria daquelas que nos foram transmitidas há algum tempo. Não se trataria aqui somente de ter captado muito bem o sentido e o pensamento; seria necessário ainda que a ordem dos sinais da tradução correspondesse fielmente à ordem dos gestos do original. Essa experiência exigiria um filósofo que soubesse interrogar seu autor, entender sua resposta e transmiti-la com exatidão: mas a filosofia não se adquire em um dia.

Deve-se confessar, contudo, que uma dessas coisas facilitaria muito as outras, e que a pergunta, sendo feita com uma exposição precisa dos gestos que comporiam a resposta, chegar-se-ia a substituir aos gestos mais ou menos seu equivalente em palavras; digo mais ou menos porque há gestos sublimes que toda a eloquência oratória nunca haverá de transmitir. Essa é a situação de Macbeth, na tragédia de Shakespeare. A sonâmbula Macbeth avança em silêncio e de olhos fechados para o palco; imitando a ação de uma pessoa que lava as mãos, como se as suas estivessem ainda tintas do sangue do rei que havia degolado havia mais de vinte anos. Não conheço nada de tão patético no discurso que o silêncio e o movimento das mãos dessa mulher. Que imagem do remorso!

A maneira pela qual outra mulher anunciou a morte a seu esposo, incerto da própria sorte, é também uma dessas apresentações em que energia da linguagem oral não é a mais apropriada. Ela se dirigiu com seu filho nos braços para um local do campo onde seu marido pudesse avistá-la desde a torre em que estava encerrado; e, depois de ter fixado o rosto durante algum tempo na direção da torre, ela tomou um punhado de terra e o espalhou em cruz sobre o corpo do filho que havia estendido a seus pés. Seu marido compreendeu o sinal e se deixou morrer de fome. Pode-se esquecer o pensamento mais sublime, mas esses traços não se apagam. Quantas reflexões poderia fazer aqui, senhor, sobre o sublime da situação, se não me levassem para muito longe de meu tema!

Foi muito admirado, e, com justiça, um grande número de belos versos na magnífica cena de Heráclio[52], em que Focas ignora qual

(52) Pierre Corneille (1606-1684), poeta dramático francês; a tragédia *Héraclius* foi escrita em 1647; a passagem citada é do ato IV, cena III (NT).

dos dois príncipes é seu filho. Para mim, a passagem dessa cena, que prefiro a todo o resto, é aquela em que o tirano se volta sucessivamente para os dois príncipes, chamando-os pelo nome de seu filho, e em que os dois príncipes permanecem frios e imóveis.

"Marciano! A essa palavra nenhum quer responder".

Aí está o que o papel jamais pode transmitir; aí está onde o gesto triunfa sobre o discurso!

Epaminondas, na batalha de Mantineia, é atingido por uma flecha mortal; os médicos declaram que se a flecha lhe for retirada do corpo vai expirar; ele pergunta onde está seu escudeiro; era uma desonra perdê-lo em combate: foi levado até ele e ele próprio arranca o dardo[53].

Na sublime cena que termina a tragédia Rodogune[54], o momento mais teatral é, sem réplica, aquele em que Antíoco leva a taça a seus lábios e em que Timagenes entra em cena gritando: "*Ah! Senhor*!". Que multidão de ideias e de sentimentos esse gesto e essa expressão não deixam de provocar ao mesmo tempo! Mas eu me afasto sempre. Retorno, pois, ao surdo-mudo de nascença. Conheço um, do qual se poderia servir-se tanto mais utilmente quanto não lhe falta espírito e porque tem o gesto expressivo, como vais ver.

Um dia eu jogava xadrez e o mudo me observava; meu adversário me reduziu a uma posição embaraçosa; o mudo percebeu muito bem e, vendo que a partida estava perdida, fechou os olhos, abaixou a cabeça e deixou cair seus braços, sinais com que me anunciava que me considerava em xeque-mate. Observa, de passagem, como a língua dos gestos é metafórica. Acreditei, de início, que ele tinha razão; entretanto, como o xeque era composto e como eu não tinha esgotado as combinações, não me conformava em ceder e comecei a procurar uma saída. O aviso do mudo era sempre que não havia nenhuma; isso ele dizia muito claramente, sacudindo a cabeça e repondo as peças perdidas no tabuleiro. Seu exemplo instigou outros espectadores a falar do xeque; foi examinado e, à força de experimentar maus expedientes, foi descoberto um bom. Não deixei de usar dele e de dar a entender ao mudo que ele estava enganado e que eu sairia da situação embaraçosa, apesar do aviso dele. Mas ele, mostrando-me com o dedo todos os espectadores, uns após outros, e fazendo ao mesmo tempo

(53) Relato que se encontra na obra de Diodoro da Sicília (séc. I a.C.), historiador (NT).
(54) Tragédia de Corneille, ato IV, cena 4 (NT).

um pequeno movimento com os lábios, acompanhado de um grande movimento de seus braços que iam e vinham na direção da porta e das mesas, respondeu-me que havia pouco mérito em ter saído da má jogada em que estava com os conselhos do *terceiro*, do *quarto* e dos *passantes*; o que seus gestos significavam tão claramente, que ninguém ali se enganou, e que a expressão popular, consultar o terceiro, o quarto e os passantes, aflorou a vários ao mesmo tempo; assim, boa ou má, nosso mudo reproduziu essa expressão em gestos.

Conheces, ao menos pela reputação, uma máquina singular com a qual o inventor se propunha executar sonatas em cores. Imaginei que, se havia um ser no mundo que devesse sentir algum prazer em música ocular e que pudesse julgá-la sem prevenção, esse seria um surdo-mudo de nascença. Levei, portanto, o meu para a rua Saint-Jacques na casa em que se podia ver a máquina em cores. Ah! senhor, nunca poderás adivinhar a impressão que essa máquina causou nele e menos ainda os pensamentos que lhe ocorreram.

Compreendes de imediato que não era possível lhe comunicar qualquer coisa sobre a natureza e as propriedades maravilhosas do cravo; que, não tendo ideia alguma do som, aquelas que tinha do instrumento ocular não eram certamente relativas à música e que o destino dessa máquina lhe era igualmente tão incompreensível como o uso que nós fazemos dos órgãos da fala. O que pensava ele, pois, e qual era o fundamento da admiração na qual caiu ao aspecto das ventarolas do padre Castel[55)]? Adivinha, senhor; adivinha o que conjeturou sobre essa máquina engenhosa, que pouca gente viu, da qual muitos falaram e cujo invenção daria muita honra à maioria daqueles que dela falaram com desdém: melhor, escuta. Aí vai.

Meu surdo imaginou que esse gênio inventor era surdo e mudo também; que seu cravo lhe servia para conversar com os demais homens; que cada nuance no cravo tinha o valor de uma das letras do alfabeto e que, com a ajuda dos toques e da agilidade dos dedos, combinava essas letras, formando palavras, frases, enfim, todo um discurso em cores.

(55) Jesuíta, o padre Castel (1688-1757), inventou realmente um cravo que musicava em cores, despertando grande curiosidade e elogios, bem como desprezo por parte de muitos. Em uma série de artigos publicados no periódico jesuíta o *Journal de Trévoux*, em 1735, Castel descrevia sua invenção e em um desses artigos escrevia que a máquina do cravo ocular devia "pintar o som (...), de maneira que um surdo pudesse desfrutar e julgar da beleza de uma música". O instrumento era um cravo comum com certas adaptações e acréscimos periféricos, de modo que, ao tocar a música, o toque do teclado revelava uma cor, cujas gradações variavam de acordo com o som produzido (NT).

Após esse esforço de penetração, há que convir que um surdo e mudo poderia estar bastante contente consigo mesmo. Mas o meu não parou por aí. Acreditou, de repente, que havia captado o que era a música e todos os instrumentos de música. Acreditou que a música era uma forma particular de comunicar o pensamento e que os instrumentos, os acordeões, os violinos e as trombetas, eram em nossas mãos outros órgãos da fala. Era exatamente isso, dirias, o sistema de um homem que jamais ouvira nem instrumento nem música. Mas considera, peço-te, que esse sistema, que é evidentemente falso para ti, é quase demonstrado para um surdo-mudo. Quando esse surdo se lembra da atenção que nós conferimos à música e àqueles que tocam um instrumento; os sinais de alegria ou de tristeza que se pintam em nossos rostos e em nossos gestos quando ficamos impressionados com uma bela harmonia; e quando compara esses efeitos com aqueles do discurso e dos outros objetos exteriores, como poderá imaginar que não há bom senso nos sons, qualquer coisa que possa ser, e que nem as vozes nem os instrumentos não despertem em nós nenhuma percepção distinta?

Não é essa, senhor, uma imagem fiel de nossos pensamentos, de nossos raciocínios, de nossos sistemas, em uma palavra, desses conceitos que deram reputação a tantos filósofos? Todas as vezes que julgaram coisas que, para serem bem compreendidas, pareciam exigir um órgão que lhes faltava, o que com frequência lhes ocorreu, mostraram menos sagacidade e se viram mais distantes da verdade que o surdo-mudo, sobre o qual converso contigo. De fato, depois de tudo, se não se fala tão distintamente com um instrumento que com a boca, e se os sons não refletem tão nitidamente o pensamento como o discurso, apesar disso dizem alguma coisa.

O cego de que trato na *Carta sobre os cegos endereçada aos que enxergam* demonstrou certamente penetração no julgamento que proferiu sobre o telescópio e os óculos; sua definição de espelho é surpreendente. Mas encontro mais profundidade e verdade naquilo que meu surdo imaginou sobre o cravo ocular do padre Castel, sobre nossos instrumentos e nossa música. Se não descobriu exatamente o que era, descobriu praticamente o que deveria ser.

Essa sagacidade te surpreenderá menos talvez, se considerares que aquele que passeia por uma galeria de pinturas faz, sem o pensar, o papel de um surdo que se divertisse em examinar mudos que se entretêm com assuntos que lhe são conhecidos. Esse ponto de vista é um daqueles que sempre observei os quadros que me foram apresentados; e achei que era um meio seguro de conhecer as ações anfibológicas e os movimentos equívocos; de ser prontamente afetado pela frieza ou pelo tumulto de um fato mal-ordenado ou por uma conversa mal dirigida; e de captar em uma cena disposta em cores, todos os vícios de um papel lânguido ou forçado.

O termo "papel", que é próprio do teatro e que acabo de empregar aqui, porque transmite muito bem minha ideia, lembra-me uma experiência que realizei algumas vezes e da qual obtive mais luz sobre os movimentos e os gestos do que todas as leituras do mundo. Frequentava outrora muitos espetáculos e sabia de cor a maioria de nossas boas peças. Nos dias em que me propunha um exame dos movimentos e do gesto, ia aos camarotes do terceiro patamar: pois, quanto mais afastado estava dos atores, melhor estava colocado. Logo que o pano era levantado e chegado o momento em que todos os outros espectadores se dispunham a escutar, eu colocava os dedos em meus ouvidos, não sem alguma surpresa por parte daqueles que rodeavam e que, não me compreendendo, olhavam-me quase como um insensato que vinha à comédia apenas para não a escutar. Não ficava em nada embaraçado por esses juízos e mantinha obstinadamente meus ouvidos tapados, tanto quanto a ação e o papel do ator me pareciam de acordo com o texto que eu recordava. Só escutava quando era desviado pelos gestos ou que acreditava sê-lo. Ah! senhor, como há poucos comediantes capazes de enfrentar semelhante prova e como os detalhes nos quais eu poderia entrar seriam humilhantes para a maioria deles! Mas prefiro te falar da nova surpresa em que não deixaram de mergulhar em torno de mim, quando me viram derramar lágrimas nas passagens patéticas, estando sempre com os ouvidos tapados. Então, não aguentava mais e os menos curiosos arriscavam perguntas às quais eu respondia friamente "que cada um tinha sua maneira de escutar e que a minha era a de me tapar os ouvidos para melhor ouvir"; rindo comigo mesmo das palavras que minha extravagância aparente ou real ocasionava, e muito mais ainda da simplicidade de alguns jovens que também punham os dedos nos ouvidos para ouvir à minha maneira e que ficavam totalmente surpresos que para eles isso não funcionava.

Não importando o que pensas de meu expediente, peço-te de

considerar que, se para julgar sadiamente a entonação, é preciso escutar o texto sem ver o ator, é de todo natural acreditar que, para julgar sadiamente o gesto e os movimentos, é preciso considerar o ator sem ouvir o texto. De resto, esse escritor famoso por seus *O diabo coxo, O bacharel de Salamanca, Gil Blas de Santillana, Turcaret* e um grande número de peças de teatro e de óperas cômicas, por seu filho, o inimitável Montménil, esse senhor Lesage[56] tinha ficado tão surdo em sua velhice que era necessário, para fazer-se ouvir, colocar a boca em sua corneta e gritar com toda a força. Entretanto, ele ia assistir à apresentação de suas peças; não perdia praticamente uma palavra, e até mesmo dizia que nunca havia julgado melhor nem o papel nem suas peças do que depois de não ouvir mais os atores; e me certifiquei pela experiência que ele dizia a verdade.

Em algum estudo da linguagem por gestos, pareceu-me, portanto, que a boa construção exigia que fosse apresentada primeiramente a ideia principal, porque essa ideia manifesta expandia luz sobre as outras, indicando a que os gestos deviam ser relacionados. Quando o tema de uma proposição oratória ou gesticulada não é anunciado, a aplicação dos outros sinais permanece em suspenso. É o que ocorre a qualquer momento nas frases gregas e latinas; e nunca nas frases gesticuladas, quando forem bem construídas.

Estou à mesa com um surdo-mudo de nascença. Ele quer pedir a seu criado de me servir bebida. Adverte primeiramente seu criado; em seguida, olha-me. Depois imita com o braço e a mão direita os movimentos de um homem que serve bebida. É quase indiferente nessa frase qual dos dois últimos sinais segue ou precede o outro. O mudo pode, depois de ter advertido o criado, fazer o sinal que designa a coisa ordenada ou aquele que indica a pessoa a quem se dirige a mensagem; mas o local do primeiro sinal é fixado. Não há senão um mudo sem lógica que possa deslocá-lo. Essa transposição seria quase tão ridícula como a inadvertência de um homem que falasse sem que se soubesse muito bem a quem seu discurso se dirige. Quanto ao arranjo dos dois outros gestos, é talvez menos uma questão de exatidão que de gosto, fantasia, conveniência, harmonia, agrado e estilo. Em geral, quanto mais uma frase encerrar ideias e quanto

(56) Romances satíricos de Alain René Lesage (1668-1747), escritor francês, sendo que o primeiro se baseia em *El Diablo Cojuelo* do escritor espanhol Luis Vélez de Guevara (1579-1644), com o título *O Diabo Coxo*. Lesage de Montménil (1703-1743), filho de Alain René Lesage, foi destacado ator na *Comédie Française* (NT).

mais houver arranjos possíveis de gestos ou de outros sinais, tanto mais haverá perigo de cair em contrassenso, em anfibologias e em outros vícios de construção. Não sei se há possibilidade de julgar sadiamente sentimentos e costumes de um homem por seus escritos, mas creio que não se arriscaria a se enganar sobre a retidão de seu espírito, se se julgasse por seu estilo, ou melhor, por sua construção. Posso pelo menos te assegurar que nunca me enganei a respeito. Vi que todo homem, do qual não se podia corrigir as frases senão refazendo-as totalmente, era um homem a quem não se poderia reformar a cabeça senão dando-lhe outra.

Mas, entre tantos arranjos possíveis, como, quando uma língua está morta, distinguir as construções que o uso autorizava? A simplicidade e a uniformidade das nossas me encorajam a dizer que, se algum dia a língua francesa morrer, ter-se-á mais facilidade a escrevê-la e a falá-la corretamente que as línguas grega e latina. Quantas inversões não empregamos hoje em latim e em grego que o uso da época de Cícero e de Demóstenes ou o ouvido severo desses oradores proscreviam?

Mas, poderiam me dizer, não temos em nossa língua adjetivos que só se colocam antes do substantivo, não temos outros que nunca se colocam senão depois? Como nossos sobrinhos vão saber desses refinamentos? A leitura dos bons autores não basta. Concordo contigo e confesso que, se a língua francesa morrer, os sábios futuros que derem bastante importância a nossos autores para aprender e para se servir disso, não deixarão de escrever indistintamente *branco boné* e *boné branco*, *mau autor* e *autor mau*, *homem galanteador* e *galanteador homem* e uma infinidade de outras formas que confeririam a suas obras um ar totalmente ridículo, se ressuscitássemos para lê-los; mas que não impediriam seus contemporâneos ignorantes de exclamar, à leitura de alguma peça francesa: *Racine não escreveu mais corretamente; é puro Despréaux; Bossuet não teria dito de forma melhor; esta prosa tem o número, a força, a elegância, a facilidade daquela de Voltaire*[57]! Se um reduzido número de casos embaraçosos, porém, levam a dizer tantas tolices àqueles que virão depois de nós, que devemos pensar hoje de nossos escritos em grego e em latim e dos aplausos que obtêm?

Sente-se, conversando com um surdo-mudo de nascença, uma

(57) Os nomes citados se referem a grandes escritores franceses (NT).

dificuldade quase insuperável em lhe designar as partes indeterminadas da quantidade, seja em número, em extensão, seja em duração, e em lhe transmitir toda abstração em geral. Nunca se está seguro de ter-lhe feito entender a diferença dos tempos *fiz, tenho feito, fazia, teria feito*. Ocorre o mesmo com as proposições condicionais. Portanto, se eu tinha razão em dizer que na origem da linguagem os homens começaram por conferir nomes aos principais objetos dos sentidos, *às frutas, à água, às árvores, aos animais, às serpentes etc., às paixões, aos lugares, às pessoas etc., às qualidades, às quantidades, aos tempos* etc., posso ainda acrescentar que os sinais dos *tempos* ou das porções da duração foram os últimos a serem inventados. Pensei que, durante séculos inteiros, os homens não tiveram outros tempos senão o presente do indicativo ou do infinitivo que as circunstâncias determinavam a ser ora um futuro ora um perfeito.

Eu me senti autorizado nessa conjetura pelo estado presente da *língua francesa*. Esta língua é a que falam as diversas nações cristãs que comercializam na Turquia e nos entrepostos do levante. Eu a vejo hoje tal como sempre foi e tudo indica que nunca se aperfeiçoa. A base é um italiano corrompido. Seus verbos não têm para todos os tempos senão o presente do infinitivo, do qual os outros termos da frase ou as conjunturas modificam a significação: assim, *je t'aime, je t'aimais, je t'aimerai* (eu te amo, te amava, te amarei) é, na língua dos francos, *mi amarti. Tous ont chanté, que chacun chante, tous chanteront* (todos cantaram, que cada um cante, todos cantarão) na língua franca, diz-se *tutti cantara. Je veux, je voulais, j'ai volu, je voudrais t'épouser* (eu quero, eu queria, eu quis, que quereria te desposar) é, em língua franca, *mi voleri sposarti*[58].

Pensei que as inversões haviam sido introduzidas e conservadas na linguagem, porque os sinais oratórios haviam sido instituídos de acordo com a ordem dos gestos, e que era natural que guardassem na frase o lugar que o direito de primogenitura lhes havia consignado. Pensei que, pela mesma razão, o abuso dos tempos dos verbos, tendo de subsistir mesmo após a formação completa das conjugações, uns dispensaram totalmente certos tempos, como os hebreus que não têm nem presente nem imperfeito, e que dizem muito bem *Credidi propter quod locutus sum*, em lugar de *Credo*

(58) A língua franca ou dos francos desapareceu no decorrer do século XIX (NT).

et ideo loquor: acreditei e por isso falei, em lugar de acredito e por isso falo; e que os outros faziam um duplo uso do mesmo tempo, como os gregos que interpretam os aoristos ora no presente, ora no passado. De uma infinidade de exemplos, contentar-me-ei de citar um só que te é menos conhecido que os outros. Epicteto[59] diz: θελουσι και αυτοι φιλοσοφειν, ανθροπε, πρωτον επισκεψαι, οποιον εστι το πραγμα. ειτα και τεν σεαυτου φυσιν καταμαθε, ει δυνασσαι βαστασαι, πενταθλοσ ειναι βουλει, η παλαιστησ; ιδε σεαυτου τουσ βραχιονασ, τουσ μηρουσ, την οσφυν καταμαθε.

O que propriamente significa: "Esses tais querem também ser filósofos. Homem, define primeiramente o que é que queres ser. Examina tuas forças e o fardo. Vê se podes carregá-lo. Considera teus braços e tuas pernas. Experimente teus rins, se quiseres ser esportista de pentatlo ou lutador". Mas isso se torna muito melhor, conferindo aos primeiros aoristos επισκεψαι, βαστασαι e aos segundos aoristos καταμαθε, ιδε, o valor do presente: "Esses tais querem também ser filósofos. Homem, aprende primeiramente o que é a coisa; conhece tuas forças e o fardo que queres carregar; considera teus braços e tuas pernas; experimenta teus rins, se pretendes ser esportista de pentatlo ou lutador". Não deves ignorar que esses esportistas do pentatlo eram homens que tinham a vaidade de se destacar em todos os exercícios da ginástica.

Considero essas extravagâncias dos *tempos* como restos da imperfeição original das línguas, traços de sua infância, contra os quais o bom senso, que não permite à mesma expressão transmitir ideias diferentes, deve ter em vão reclamado seus direitos em seguida. O hábito se havia fixado e o uso teria feito calar o bom senso. Mas talvez não haja um só escritor grego ou latino que tenha percebido esse defeito: digo mais, nenhum talvez que tenha imaginado que seu discurso ou a ordem de instituição de seus sinais seguia exatamente aquele da visão de seu espírito; entretanto, é evidente que não era nada disso. Quando Cícero[60] começa o discurso para Marcelo por *Diuturni silentii, Patres Conscripti, quo eram his temporibus usus* etc., pode-se ver que tinha tido no espírito anteriormente a seu longo silêncio uma ideia que devia seguir, que comandava o término de

(59) A citação é do livro *Enchiridion* de Epicteto (50 a.C.-30 d.C.), filósofo grego (NT).

(60) Marcus Tullius Cicero (106-43 a.C.), escritor, orador e filósofo latino; a frase citada é extraída do livro *Pro Marco Marcello* e significa: "Do diuturno silêncio, pais conscritos, a que nesses tempos me havia acostumado..." (NT).

seu longo silêncio e que o obrigava a dizer *Diuturni silentii* e não, *Diuturnum silentium*.

O que acabo de dizer sobre a inversão do começo do discurso para Marcelo é aplicável a qualquer outra inversão. Em geral, em um período grego ou latino, por mais longo que seja, percebe-se, desde o começo, que o autor, tendo uma razão para empregar esta ou aquela terminação antes que qualquer outra, não havia em suas ideias a inversão que reina em seus termos. Com efeito, no período precedente, o que é que determinava Cícero a escrever *Diuturni silentii* no genitivo, *quo* no ablativo, *eram* no imperfeito, e assim por diante, que uma ordem de ideias preexistente em seu espírito, totalmente contrária àquela das expressões, ordem à qual se conformava sem perceber, subjugado pelo longo hábito de transpor? E por que Cícero não teria transposto sem perceber, porquanto a coisa nos chega a nós, a nós que acreditamos ter formado nossa língua de acordo com a sequência natural das ideias? Tive razão, portanto, ao distinguir a ordem natural das ideias e dos sinais, da ordem científica e de instituição.

Achaste, portanto, senhor, dever sustentar que no período de Cícero, de que ora se trata, não havia inversão e não discordo que, sob certos aspectos, possas ter razão; mas é preciso, para se convencer disso, fazer duas reflexões que, me parece, escaparam-te. A primeira é que a inversão propriamente dita ou a ordem de instituição, a ordem científica e gramatical, não sendo outra coisa senão uma ordem nas palavras contrária àquela das ideias, o que seria inversão para um, muitas vezes, não o seria para outro. De fato, em uma série de ideias, nem sempre acontece que todo mundo seja igualmente afetado por ela. Por exemplo, se dessas duas ideias contidas na frase "*serpentem fuge*"[61] te perguntar qual é a principal, me dirás que é a serpente; mas aquele que teme menos a serpente que minha perda, só pensa em minha fuga: um se assusta e o outro me avisa. A segunda coisa a observar é que, em uma sequência de ideias que temos a oferecer aos outros, todas as vezes que a ideia principal que deve afetá-los não é a mesma que aquela que nos afeta, devido à disposição diferente em que nos encontramos, nós e os ouvintes: é essa ideia que é preciso lhes apresentar em primeiro lugar; e a inversão, nesse caso, não é propriamente senão oratória: apliquemos essas

(61) Expressão latina que significa "foge da serpente" (NT).

reflexões ao primeiro período do discurso *Pro Marcello*. Imagino que Cícero subindo na tribuna dos discursos e vejo que a primeira coisa que impressionou seus ouvintes é que ficou muito tempo sem subir nela; assim, *diuturni silentii*, o longo silêncio que guardou, é a primeira ideia que deve lhes apresentar, embora a ideia principal para ele não seja essa, mas *hodiernus dies finem attulit*[62]; de fato, o que mais impressiona um orador que sobe na tribuna é que vai falar, e não que guardou por longo tempo o silêncio. Noto ainda outra sutileza no genitivo *diuturni silentii*; os ouvintes não podiam pensar no longo silêncio de Cícero, sem procurar ao mesmo tempo a causa, tanto desse silêncio como daquilo que o determinava a rompê-lo. Ora, o genitivo, sendo um caso suspensivo, leva-os a esperar naturalmente todas essas ideias que o orador não podia lhes apresentar de uma só vez.

Aí estão, senhor, várias observações, parece-me, sobre a passagem de que falamos e que terias podido fazer. Estou persuadido que Cícero teria arranjado de modo totalmente diferente esse período se, em lugar de falar em Roma, tivesse sido transportado repentinamente para a África e que tivesse tido que defender uma causa em Cartago. Com isso, podes ver, senhor, que aquilo que não era uma inversão para os ouvintes de Cícero podia, até mesmo devia, ser uma para ele.

Mas vamos mais longe. Sustento que, se uma frase só encerra reduzido número de ideias, é muito difícil determinar qual é a ordem natural que essas ideias devem ter com relação àquele que fala. De fato, se elas não se apresentarem todas ao mesmo tempo, sua sucessão é pelo menos tão rápida que é, muitas vezes, impossível desvendar aquela que por primeiro nos impressiona. Quem sabe até se o espírito não pode ter um certo número delas exatamente no mesmo instante? Tu talvez, senhor, vais dizer que isso é um paradoxo. Tenta, porém, examinar antes comigo como o artigo *hic, ille, le* (o) se introduziu na língua latina e na nossa. Esta discussão não será longa nem difícil, e poderá te aproximar de uma opinião que te revolta.

Transporta-te, em primeiro lugar, no tempo em que os adjetivos e os substantivos latinos que designam as qualidades sensíveis dos seres e os diferentes indivíduos da natureza eram quase todos

(62) Frase latina que significa "o dia de hoje traz o fim" (NT).

inventados, mas em que ainda não se tinha expressão para esses aspectos sutis e desligados do espírito, da qual a filosofia tem, mesmo hoje, tanta dificuldade em assinalar as diferenças. Supõe, a seguir, dois homens premidos pela fome, mas um dos quais não tenha alimento em vista e o outro esteja ao pé de uma árvore tão alta que não possa alcançar seus frutos. Se a sensação levasse esses dois homens a falar, o primeiro diria *"estou com fome, comeria de bom grado"*; e o segundo, *"que belo fruto! estou com fome, comeria de bom grado"*. Mas é evidente que o primeiro transmitiu de modo preciso, por meio de suas palavras, tudo o que se passou em sua alma; ao contrário, falta alguma coisa na frase do segundo e um dos aspectos de seu espírito deve ser nela subentendida. A expressão *"comeria de bom grado"*, quando não se tem nada ao alcance, estende-se em geral a tudo o que pode saciar a fome; mas a mesma expressão se restringe e não se estende mais que a uma bela fruta, quando esta fruta estiver presente. Assim, embora esses dois homens tenham dito *"estou com fome, comeria de bom grado"*, havia no espírito daquele que exclamou *"que belo fruto!"* um retorno para esse fruto; e não se pode duvidar que, se o artigo *le* (o) não tivesse sido inventado, não teria dito *le beau fruit*[63]*! j'ai faim*: *je mangerais icelui* ou *icelui je mangerais volontiers*[64]. O artigo *le* ou *icelui* não é nessa ocasião e em todas as outras semelhantes senão um sinal empregado para designar o retorno da alma para um objeto que a havia anteriormente ocupado; e a invenção desse sinal é, parece-me, uma prova do caminho didático do espírito.

Não me cries dificuldades sobre o lugar que esse sinal ocuparia na frase, seguindo a ordem natural dos aspectos do espírito. De fato, embora todos esses julgamentos *le beau fruit! j'ai faim, je mangerais volontiers icelui,* sejam transmitidos cada um deles por duas ou três expressões, não supõem todos eles senão um só aspecto da alma; aquele do meio *j'ai faim* se transmite em latim por uma só palavra, *esurio*. O fruto e a qualidade são percebidos ao mesmo tempo; e quando um latino dizia *esurio*, acreditava transmitir apenas uma única ideia. *Je mangerais volontiers icelui* não passa de modos de uma só sensação. *Je* (eu) assinala a pessoa que a experimenta; *mangerais*, o desejo e a natureza da sensação expe-

(63) Em francês, *le beau fruit*!, o belo fruto! (NT).

(64) "O belo fruto! estou com fome: comeria este ou, este eu comeria de bom grado" (NT).

rimentada; *volontiers*, sua intensidade ou sua força; *icelui*, a presença do objeto desejado; mas a sensação não tem na alma esse desenvolvimento sucessivo do discurso; e se ela pudesse mandar em vinte bocas, cada boca podendo dizer sua palavra, todas as ideias precedentes seriam transmitidas de uma só vez; é que ela executaria de modo maravilhoso em um cravo ocular, se o sistema de meu mudo fosse instituído e que cada cor fosse o elemento de uma palavra. Nenhuma língua se aproximaria da rapidez desta. Mas, na falta de diversas bocas, eis o que se fez: diversas ideias foram ligadas a uma só expressão; se essas expressões enérgicas fossem mais frequentes, ao passo que a língua se arrasta sem cessar seguindo o espírito, a quantidade de ideias transmitidas de uma só vez poderia ser tal que a língua, indo mais rápida que o espírito, este seria forçado a correr atrás dela. Que se tornaria então a inversão que supõe decomposição dos movimentos simultâneos da alma e multidão de expressões? Embora não tenhamos praticamente esses termos que equivalem a um longo discurso, não basta que tenhamos alguns deles, que o grego e o latim os tenham em quantidade e que sejam empregados e compreendidos imediatamente, para te convencer que a alma experimenta uma multidão de percepções, senão de uma vez, pelo menos com uma rapidez tão tumultuosa, que é praticamente impossível descobrir sua lei.

Se eu tivesse de tratar com alguém que ainda não tivesse a facilidade de captar ideias abstratas, colocaria para ele esse sistema do entendimento humano em relevo e lhe diria: Senhor, considera o homem autômato como um relógio ambulante; que o coração representa a grande mola e que as partes contidas no peito são as outras peças principais do movimento. Imagina na cabeça uma campainha provida de pequenos martelos, de onde parte uma multidão infinita de fios que terminam em todos os pontos da caixa: levanta sobre essa campainha uma dessas pequenas figuras com que ornamos o alto de nossos pêndulos, que tenha o ouvido inclinado como um músico que escuta se seu instrumento está bem afinado; essa pequena figura seria *a alma*. Se vários desses pequenos cordões forem puxados no mesmo instante, a campainha será atingida por diversas batidas e a pequena figura vai ouvir diversos sons ao mesmo tempo. Supõe que entre esses cordões haja alguns que estejam sempre puxados; como não nos asseguramos do barulho que se faz de dia em Paris senão pelo silêncio da noite, haverá em nós sensações que muitas vezes nos vão escapar por sua continuidade; essa será a de nossa existência. A alma não percebe senão por um retorno sobre si mesma, sobretudo no estado de saúde. Quando se goza de boa saúde, nenhuma parte do corpo nos informa de sua existência; se alguma nos advertir por meio da dor, é fora de dúvida que estamos mal de saúde; se for por meio do prazer, não é sempre certo que estejamos melhor de saúde.

Não restaria para mim senão levar minha comparação mais longe e acrescentar que os sons transmitidos pela campainha não se extinguem imediatamente; que têm uma duração; que formam acordes com aqueles que os seguem; que a pequena figura atenta os compara e os julga consoantes ou dissonantes; que a memória atual, aquela de que necessitamos para julgar e para discorrer, consiste na ressonância da campainha; o julgamento na formação dos acordes e o discurso em sua sucessão, que não é sem razão que se diz isso de certos cérebros, que são mal afinados. E essa lei de ligação tão necessária nas longas frases harmônicas, essa lei que requer que haja entre um acorde e aquele que o segue pelo menos um som comum, ficaria aqui, portanto, sem aplicação? Esse som comum, a teu ver, não parece muito com o termo médio do silogismo? E não seria essa analogia que se observa entre certas almas senão um jogo da natureza que se divertiu em colocar duas campainhas, uma na quinta e outra na terça de um terço? Com a fecundidade de minha comparação e a loucura de Pitágoras[65], eu te demonstraria a sabedoria dessa lei dos citas que obrigava a ter um amigo, que permitia ter dois, mas que proibia ter três. Entre os cita, te diria, uma cabeça era mal afinada se o som principal que transmitia não tinha na sociedade nenhuma harmonia; três amigos formavam o acordo perfeito; um quarto amigo acrescido não teria sido senão a réplica de um dos outros três ou teria tornado o acorde dissonante.

Mas deixo esta linguagem figurada que empregaria, quando muito, para recriar e fixar o espírito volátil de uma criança e retorno ao tom da filosofia, *para a qual são necessárias razões e não comparações.*

Examinando os discursos que a sensação da fome ou da sede levavam a ter em diferentes circunstâncias, teve-se, muitas vezes, a

(65) Pitágoras (séc. VI a.C.), matemático e filósofo grego, é citado aqui, não pela proposição e solução de seus famosos teoremas, mas pelo fato de ter reduzido o acorde musical a uma proporção matemática (NT).

oportunidade de perceber que as mesmas expressões eram empregadas para transmitir ideias do espírito que não eram as mesmas; e foram inventados os sinais *tu, ele, eu, o* e uma infinidade de outros que particularizam. O estado de alma em um instante indivisível foi representado por uma multidão de termos que a precisão da linguagem exigiu e que distribuíram uma impressão total em partes: e porque esses termos se pronunciavam sucessivamente e não se ouviam senão à medida que eram pronunciados, a gente foi levada a acreditar que as afeições da alma que representavam tinham a mesma sucessão; mas não é nada disso. Uma coisa é o estado de nossa alma; outra coisa a conta que dele prestamos seja a nós mesmos, seja aos outros; outra coisa a sensação total e instantânea desse estado; outra coisa a atenção sucessiva e detalhada que somos forçados a dar dela para analisá-la, manifestá-la e fazer-nos entender. Nossa alma é um quadro móvel, de acordo com o qual nos refletimos sem cessar: empregamos muito tempo em transmiti-lo com fidelidade; mas existe por inteiro e todo de uma só vez: o espírito não vai aos passos contados como a expressão. O pincel só executa com o tempo aquilo que o olho do pintor abrange de imediato. A formação das línguas exigia a decomposição; mas *ver* um objeto, *julgá-lo* belo, *experimentar* uma sensação agradável, *desejar* a posse, é o estado da alma em um mesmo instante; é aquilo que o grego e o latim transmitem com uma única palavra. Ah! senhor, como nosso entendimento é modificado pelos sinais! E como a dicção mais vibrante é ainda uma fria cópia daquilo que se passa!

Os sofrimentos atribuladores
Trazem em seus cabelos os despojos sangrentos[66].

Aí está uma das pinturas mais semelhantes das que dispomos. Entretanto, como está longe ainda do que imagino!

Eu te exorto, senhor, a pesar essas coisas, se quiseres perceber como a questão das inversões é complicada. Para mim, que me ocupo antes a formar nuvens que dissipá-las e a suspender os julgamentos do que julgar, vou te demonstrar ainda que, se o paradoxo que acabo de adiantar não for verdadeiro, se não temos diversas percepções de uma só vez, é impossível raciocinar e discorrer. De fato,

(66) *Fedra*, ato IV, cena VI, de Jean Baptiste Racine (1639-1699), poeta trágico francês (NT).

discorrer ou raciocinar é comparar duas ou mais ideias. Ora, como comparar ideias que não estão presentes no espírito ao mesmo tempo? Não podes me negar que temos, ao mesmo tempo, várias sensações, como aquelas da cor de um corpo e de sua figura; ora, não vejo que privilégio as sensações teriam sobre as ideias abstratas e intelectuais. Mas a memória, a teu ver, não supõe em um julgamento duas ideias ao mesmo tempo presentes no espírito? A ideia que se tem atualmente e a lembrança daquela que se teve? Para mim, acho que é por essa razão que o julgamento e a grande memória vão tão raramente juntos. Uma grande memória supõe uma grande facilidade de ter ao mesmo tempo ou rapidamente várias ideias diferentes; e essa facilidade prejudica a comparação tranquila de um reduzido número de ideias que o espírito deve, por assim dizer, encarar fixamente. Uma cabeça lotada de grande número de coisas disparatadas é bastante semelhante a uma biblioteca de volumes desarrumados. É uma dessas compilações germânicas, juntadas sem razão e sem gosto, de hebraico, de árabe, de grego e de latim, que já são muito grandes, que aumentam ainda, que aumentarão sempre e que só se tornarão sempre piores. É uma dessas lojas repletas de análises e de julgamentos de obras que o analista não entendeu; lojas de mercadorias misturadas, nas quais só há propriamente o registro de controle que lhe pertence: é um comentário em que se encontra muitas vezes o que não se procura, raramente o que se procura e quase sempre as coisas de que se necessita perdidas no monte das coisas inúteis.

Uma consequência do que precede é que não há e que talvez até mesmo não possa haver inversão no espírito, sobretudo se o objeto da contemplação é abstrato e metafísico; e que, embora o grego diga νικησαι αλυμπια θελεισ, καγω νη τουσ θεουσ. κομψον γαρ εστιν e o latim diga *honores plurimum valent apud prudentes, si sibi collatos intelligant*, a sintaxe francesa e o entendimento dificultado pela sintaxe, grega ou latina, dizem sem inversão: "*Vous voudriez bien être de l'Académie française? Et moi aussi; car c'est un honneur; et le sage peut faire cas d'un honneur qu'il sent qu'il mérite*"[67]. Não gostaria, portanto, de adiantar de modo geral e sem distinção que os latinos não invertem e que somos nós que invertemos. Diria somente que em lugar de comparar nossa frase com a ordem didática

(67) "Gostarias realmente pertencer à Academia francesa? E eu também; pois é uma honra; e o sábio pode fazer caso de uma honra que pressente que merece".

das ideias, se for comparada com a ordem de invenção das palavras, na linguagem dos gestos, à qual a linguagem oratória foi substituída por graus, parece que nós invertemos e que, de todos os povos da terra, não há nenhum que tenha tantas inversões como nós: mas que, se nossa construção for comparada àquela dos aspectos do espírito submetido pela sintaxe grega ou latina, como é natural fazer, não é quase possível ter menos inversões do que nós temos. Dizemos as coisas em francês como o espírito é forçado a considerá-las em qualquer língua que se escreva. Cícero seguiu, por assim dizer, a sintaxe francesa antes que obedecer à sintaxe latina.

Disso se segue, parece-me, uma vez que a comunicação do pensamento é o objeto principal da linguagem, nossa língua é, de todas as línguas, a mais polida, a mais exata e a mais estimável; aquela, em uma palavra, que menos reteve dessas negligências que eu chamaria de bom grado restos do *balbucio* das primeiras idades. Ou, para continuar o paralelo sem parcialidade, diria que nós ganhamos, ao não ter inversões, nitidez, clareza, precisão, qualidades essenciais ao discurso; e que nós perdemos com isso calor, eloquência e energia. Acrescentaria de bom grado que a marcha didática e regulada a que nossa língua está sujeita a torna mais apropriada às ciências; e que, pelos rodeios e pelas inversões que o grego, o latim, o italiano, o inglês se permitem, essas línguas são mais proveitosas para as letras. Em última análise, que nós podemos melhor que qualquer outro povo fazer o espírito falar e que o bom senso escolheria para isso a língua francesa; mas que a imaginação e as paixões dariam a preferência às línguas antigas e àquelas de nossos vizinhos. Por isso, é preciso falar francês na sociedade e nas escolas de filosofia; e grego, latim, inglês nas cátedras e nos teatros: nossa língua será aquela da verdade, se algum dia retornar à terra; e a grega, a latina e as outras serão as línguas da fábula e da mentira. O francês é feito para instruir, esclarecer e convencer; o grego, o latim, o italiano, o inglês, para persuadir, comover e enganar; fala grego, latim, italiano ao povo, mas fala francês ao sábio.

Outra desvantagem das línguas que têm inversão é de exigir, seja do leitor, seja do ouvinte, contenção e memória. Em uma frase latina ou grega um pouco longa, quantos casos, regimes, terminações a combinar! Não se entende quase nada, a não ser quando se chega ao fim. O francês não causa essa fadiga. É compreendido à medida que é faldo. As ideias se apresentam em nosso discurso seguindo a ordem que o espírito teve de seguir, quer em grego, quer em latim, para satisfazer as regras da sintaxe. La Bruyère[68] te fatigará menos com o tempo que Tito Lívio[69]. Um, no entanto, é um moralista profundo; o outro, um historiador claro. Mas este historiador encaixa tão bem suas frases que o espírito, incessantemente ocupado em tirá-las umas de dentro das outras e em restituí-las em uma ordem didática e luminosa, cansa-se desse pequeno trabalho, como o braço mais forte se cansa de um peso leve que é preciso carregá-lo sempre. Assim, considerando tudo direito, nossa língua *pedestre* tem, diante das outras, a vantagem do útil sobre o agradável.

Mas uma das coisas que mais prejudicam em nossa língua e nas línguas antigas a ordem natural das ideias é essa harmonia do estilo, à qual nos tornamos tão sensíveis que lhe sacrificamos muitas vezes todo o resto. De fato, deve-se distinguir em todas as línguas três estágios pelos quais passaram sucessivamente ao sair daquele em que não passavam de uma mistura confusa de gritos e de gestos, mistura que se poderia chamar pelo designativo de "língua animal". Esses três estágios são o estágio do *nascimento*, aquele da *formação* e o estágio da *perfeição*. A língua nascente era um composto de palavras e de gestos em que os adjetivos sem gênero nem caso, e os verbos sem conjugações nem regimes conservavam em toda parte a mesma terminação; na língua formada, havia palavras, casos, gêneros, conjugações, regimes, em uma palavra, os sinais oratórios necessários para exprimir tudo, mas havia somente isso. Na língua aperfeiçoada, se quis mais harmonia, porque se acreditou que não seria inútil bajular os ouvidos ao falar ao espírito. Mas como se prefere com frequência o acessório ao principal, muitas vezes também se inverteu a ordem das ideias para não prejudicar a harmonia. É o que Cícero fez em parte no período para Marcelo. De fato, a primeira ideia que impressionou seus ouvintes, após aquela de seu longo silêncio, é a razão que o obrigou a isso; devia, portanto, dizer: *Diuturni silentii, quo, non timore aliquo, sed partim dolore, partim verecundia, eram his temporibus usus, finem hodiernus dies attu-*

(68) Jean de La Bruyère (1645-1696), filósofo moralista francês; sua obra mais célebre e à qual Diderot se refere é *Caracteres ou costumes deste século*, já publicada nesta coleção da Editora Lafonte (NT).

(69) Titus Livius (59 a.C.-17 d.C.), historiador latino; sua obra máxima é *Ab Urbe Condita* (Desde a fundação da cidade – subentendido, Roma), em que narra a história do império romano desde seus primórdios (NT).

lit[70]. Compara esta frase com a dele e não encontrarás outra razão de preferência que aquela da harmonia. De igual modo, em outra frase desse grande orador, *Mors, terrorque civium ac sociorum Romanorum*[71], é evidente que a ordem natural requeria *terror morsque*[72]. Cito somente este exemplo entre uma infinidade de outros.

Essa observação pode nos conduzir a examinar se é permitido sacrificar às vezes a ordem natural à harmonia. Não se deve, parece-me, usar dessa licença a não ser quando as ideias que se invertem são tão próximas uma da outra, que se apresentam quase ao mesmo tempo ao ouvido e ao espírito, mais ou menos como se inverte o baixo fundamental em baixo contínuo para torná-lo mais cantante; embora o baixo contínuo não seja verdadeiramente agradável senão enquanto o ouvido consegue desembaraçar nele a progressão natural do baixo fundamental que o sugeriu. Não penses por esta comparação que é um grande músico que te escreve: faz somente dois dias que começo a sê-lo; mas sabes como se gosta de falar daquilo que se acaba de aprender.

Parece-me que se poderia encontrar diversas outras relações entre a harmonia do estilo e a harmonia musical. No estilo, por exemplo, quando se trata de pintar grandes coisas ou coisas surpreendentes, é preciso senão sacrificar, pelo menos alterar, a harmonia e dizer:

> *Magnum Jovis incrementum*[73].
> *Nec brachia longo*
> *Margine terrarum porrexerat Amphitrie*[74].
> *Ferte citi ferrum, date tela, scandite muros*[75].
> *Vite quoque omnis*
> *Omnibus e nervis atque ossibus exsolvantur*[76].
> *Longo sed proximus intervallo*[77].

(70) "Do diuturno silêncio pelo qual, não por algum temor, mas em parte pela dor, em parte pela vergonha, estava nesses tempos acostumado, o dia de hoje trouxe o fim." (NT).

(71) "A morte e o terror dos cidadãos e dos aliados dos romanos" (NT).

(72) "O terror e a morte" (NT).

(73) Verso latino de Publius Vergilius Maro (71-19 a.C.), da obra *Bucólicas*, livro IV, v. 49, e que significa: "Grande incremento de Júpiter" (NT).

(74) Versos de Publius Ovidius Naso (43 a.C.-18 d.C.), da obra *Metamorfoses*, livro I, v. 13-14, e que significam: "Anfitriã não tinha ainda estendido seus braços ao longo das margens" (NT).

(75) Verso de Publius Vergilius Maro (71-19 a.C.), da obra *Eneida*, livro IX, v. 37, e que significa: "Depressa, tragam as armas, alcancem os dardos, escalem as muralhas" (NT).

(76) Versos de Tullius Lucretius Carus (98-55 a.C.), da obra *De rerum natura*, livro I, v. 810-811, e que significam: "Toda a vida escapa de todos os nossos nervos e de todos os nossos ossos" (NT).

(77) Versos de Publius Vergilius Maro, da obra *Eneida*, livro V, v. 320, e que significa: "O mais

Assim, na música, é preciso às vezes desviar o ouvido para surpreender e contentar a imaginação. Poder-se-ia observar também que enquanto licenças no arranjo das palavras nunca são permitidas senão em favor da harmonia do estilo; as licenças na harmonia musical só o são, pelo contrário e muitas vezes, para fazer surgir mais exatamente e nada ordem mais natural as ideias que o músico quer suscitar.

Deve-se distinguir em todo discurso em geral o pensamento e a expressão; se o pensamento é transmitido com clareza, pureza e precisão, é o bastante para a conversação familiar: acrescenta a essas qualidades a escolha dos termos, com o número e a harmonia do período, e terás o estilo que convém à cátedra; mas estarás ainda longe da poesia, sobretudo da poesia que a ode e o poema épico desdobram em suas descrições. Passa então no discurso do poeta um espírito que move e vivifica todas as sílabas. O que é esse espírito? Algumas vezes senti sua presença; mas tudo o que sei é que é ele que faz com que as coisas sejam ditas e representadas todas ao mesmo tempo; que no mesmo tempo que o entendimento as capta, a alma se comove com elas, a imaginação as vê e o ouvido as ouve; e que o discurso não é mais somente um encadeamento de termos enérgicos que expõem o pensamento com força e nobreza, mas que é ainda um tecido de hieróglifos amontoados uns sobre os outros que o refletem. Eu poderia dizer, nesse sentido, que toda poesia é emblemática.

Mas a inteligência do emblema poético não é dado a todos; é preciso estar em situação de criá-lo para senti-lo fortemente. O poeta diz:

E rios franceses com as águas ensanguentadas
Não carregavam senão mortos aos mares espantados[78].

Mas quem vê na primeira sílaba de *carregavam* as águas inchadas de cadáveres e o curso dos rios como que suspenso por esse dique? Quem vê a massa das águas e dos cadáveres abaixar-se e descer para os mares na segunda sílaba do mesmo vocábulo? O pavor dos mares é mostrado a todo leitor em *espantados*; mas a pronúncia enfática de sua terceira sílaba me descobre ainda sua vasta extensão. O poeta diz:

próximo dele, mas a longo intervalo" (NT).

(78) Versos de Voltaire (1694-1778), escritor e filósofo francês, da obra *La Henriade*, epopéia sobre a vida de Henrique IV (NT).

Suspira, estende os braços, fecha os olhos e adormece[79].

Todos exclamam que isso é belo! Mas aquele que se certifica do número das sílabas de um verso por meio de seus dedos, vai perceber como é venturoso para um poeta que tem o *soupir* (suspiro) para descrever, de ter em sua língua uma palavra cuja primeira sílaba é surda, a segunda é polida e a última é muda. Lê-se *estende os braços*, mas não se suspeita praticamente do comprimento e do cansaço dos braços que são representados nesse monossílabo (em francês, *bras*: braços) plural; esses braços estendidos recaem tão suavemente com o primeiro hemistíquio do verso, que quase ninguém percebe, tampouco percebe o movimento súbito da pálpebra em *fecha os olhos* e da passagem imperceptível da vigília ao sono na queda do segundo hemistíquio *fecha os olhos e adormece*.

O homem de gosto deverá notar, sem dúvida, que o poeta tem quatro ações a descrever e que seu verso é dividido em quatro membros: que as duas últimas ações são tão próximas uma da outra, que não se distingue quase intervalos entre elas e que, dos quatro membros do verso, os dois últimos, unidos por uma conjunção e pela rapidez da prosódia do penúltimo, são também quase indivisíveis: que cada uma dessas ações tem a duração total do verso, a quantidade que lhe convém por sua natureza; e que, ao encerrar as quatro em um só verso, o poeta satisfez a prontidão com a qual elas costumam se suceder. Aí está, senhor, um desses problemas que o gênio poético resolve sem propor. Mas essa solução está ao alcance de todos os leitores? Não, senhor, não; por isso espero realmente que aqueles que não captaram por si mesmos esses hieróglifos ao ler o verso de Despréaux[80] (e serão em grande número) vão rir de meu comentário, vão se lembrar daquele da *Chef-d'oeuvre d'un inconnu*[81] e vão me tratar de visionário.

Eu acreditava com todos que um poeta podia ser traduzido por outro: é um erro e aqui estou eu desenganado. Transmitir-se-á o pensamento, talvez se terá a ventura de encontrar o equivalente de uma expressão; Homero disse εκλαγζαν δ'αρ'οιστοι e se encontra um verso latino equivalente: *tela sonant humeris*[82]; é alguma coisa,

(79) Verso de Nicolas Boileau (1636-1711), escritor e poeta francês, do poema *Le Lutrin*, canto II, V (NT).

(80) Nome pelo qual era conhecido Nicolas Boileau – ver nota anterior (NT).

(81) "Obra-prima de um desconhecido", escrito burlesco, publicado em 1714, de Hyacinthe Cordonnier, dito Thémiseul de Saint-Hyacinthe (NT).

(82) Verso extraído da *Ilíada* (I, 46) de Homero (séc. IX a.C.), poeta trágico grego; o verso grego significa "e as flechas assobiam"; o verso latino é extraído da *Eneida* (IV, 149) de Virgílio (71-19 a.C.) e quer dizer "Os dardos assobiam sobre seus ombros" (NT).

mas não é tudo. O emblema desligado, o hieróglifo sutil que reina em uma descrição inteira e que depende da distribuição das vogais longas e das breves nas línguas de quantidades marcadas, e da distribuição das vogais entre as consoantes nas palavras de todas as línguas; tudo isso desaparece necessariamente na melhor tradução.

Virgílio diz de Eurial ferido por um golpe mortal:

Pulchrosque per artus
It cruor; inque humeros cervix collapsa recumbit,
Purpureus veluti cum flos succisus aratro
Languescit moriens, lassove papavera collo
Demisere caput, pluvia cum forte gravantur[83].

Não ficaria realmente mais surpreso ao ver estes versos serem produzidos por algum lance fortuito dos caracteres do que ver passar todas as belezas hieroglíficas em uma tradução; e a imagem de sangue jorrando, *it cruor*; e aquela da cabeça de um moribundo que recai sobre seus ombros, *cervix collapsa recumbit*; e o ruído de um gadanho[84] que ceifa, *succisus*; e o desfalecimento de *languescit moriens*; e a fraqueza do caule da papoula, *lassove papavera collo*; e o *demisere caput*, e o *gravantur*, que termina o quadro. *Demisere* é tão delicado como o caule de uma flor; *gravantur*, pesa tanto quanto seu cálice carregado de chuva. *Collapsa* indica esforço e queda. O mesmo hieroglifo duplo se encontra em *papavera*. As duas primeiras sílabas mantêm a cabeça da papoula ereta, e as duas últimas a inclinam. De fato, deves convir que todas essas imagens estão encerradas nos quatro versos de Virgílio, tu que me tens parecido às vezes tão impressionado com a feliz paródia que se pode ler em Petrônio do *lassove papavera collo* de Virgílio, aplicado à fraqueza de Ascilto ao abandonar os braços de Circe. Não terias sido tão agradavelmente tocado por essa aplicação, se tivesses reconhecido no *lasso papavera collo* uma pintura fiel do desastre de Ascilto[85].

(83) Versos da *Eneida* (IX, 433-37) de Virgílio, e que significam: "Por sobre seus membros tão belos o sangue corre; sua cerviz desfalecida sobre seus ombros recai; como uma flor purpúrea ceifada pelo arado fenece morrendo; como as papoulas, com seu pescoço cansado, inclinaram a cabeça, quando a chuva as tornam muito pesadas" (NT).

(84) *Aratrum* não significa gadanho; mas se poderá ver mais adiante porque o traduzi assim (nota do autor).

(85) Alusão ao livro *Satiricon* de Tullius Petronius Arbiter (séc. I d.C.), escritor latino que, nesta obra, narra as aventuras e desventuras, os amores e traições de jovens romanos da plebe que invadem a vida da classe abastada (NT).

Sobre a análise da passagem de Virgílio, poder-se-ia facilmente acreditar que não deixa nada a desejar e que, após ter notado nela mais belezas talvez do que há, mas certamente mais do que o poeta quis nela inserir, minha imaginação e meu gosto devem estar plenamente satisfeitos. De modo algum, senhor: vou arriscar tornar-me ridículo duas vezes de uma só vez: o de ter visto belezas que não existem e o de recriminar defeitos que não existem tampouco. Será que vou dizê-lo? Acho o verbo *gravantur* pesado demais para a delicada cabeça de uma papoula; e o termo *aratro* que segue o *succisus* não me parece que dê acabamento à pintura hieroglífica. Estou quase certo de que Homero teria colocado no final de seu verso uma palavra que tivesse continuado em meu ouvido o ruído de um instrumento que ceifa ou pinta em minha imaginação a queda delicada do topo de uma flor.

É o conhecimento, ou melhor, o sentimento vivo dessas expressões hieroglíficas da poesia, perdidas para os leitores comuns, que desencoraja os imitadores de gênio. É isso que levava Virgílio a dizer que era tão difícil tirar um verso de Homero como arrancar um prego da clava de Hércules. Mais um poeta está carregado desses hieroglifos, mais é difícil transmiti-los; e os versos de Homero estão repletos deles. Não quero como exemplo senão aqueles em que Júpiter, de sobrancelhas de ébano, confirma a Tétis, de ombros de marfim, a promessa de vingar a injúria feita a seu filho.

η, και κυανεησιν επ'οφρυσι νευσε κρονιων.
αμβροσιαι δ'αρα χαιται επερρωσαντο ανακτοσ
κρατοσ απ'αθανατοιο, μεγαν δ'ελελιζεν ολυμπον![86]

Quantas imagens nestes três versos! Vê-se o franzimento das sobrancelhas de Júpiter em επ'οφρυσι, em νευσε Κρονιων e, sobretudo, no feliz redobramento dos K, de η και κυανεησιν: a descida e as ondulações de seus cabelos em επερρωσαντο ανακτοσ, a cabeça imortal do Deus majestosamente realçada pela elisão δ'απο em κρατοσ απ'αθανατοιο: o estremecimento do Olimpo nas duas primeiras sílabas de ελελιζεν: a aglomeração e o rumor do Olimpo nas

(86) Versos da *Ilíada* (I, 528-530) de Homero e que significam: "Ele diz e, com suas sobrancelhas sombrias, o filho de Cronos acena que sim. Os cabelos divinos do Senhor esvoaçam um instante sobre sua fronte eterna e o vasto Olimpo estremece.".

últimas de μεγαν e de ελελιζεν, e, na última palavra inteira, *onde o Olimpo estremecido recai com o verso,* ολυμπον.

Este verso que se encontrou na ponta de minha caneta transmite, debilmente, é verdade, dois hieróglifos: um de Virgílio e outro de Homero, um de estremecimento e o outro de queda.

Onde o Olimpo estremecido recai com o verso.

Homero: ελελιζεν ολυμπον. – Virgílio: *Procumbit humi bos*[87].

É o retorno dos λ em ελελιζεν ολυμπον, que desperta a ideia de estremecimento. O mesmo dos L se faz em *onde o Olimpo estremecido,* mas com a diferença que os L estão ali mais afastados uns dos outros do que em ελελιζεν ολυμπον, e, por isso, o estremecimento é menos pronto e menos análogo ao movimento das sobrancelhas. *Recai com o verso* transmitiria bem o *procumbit humi bos,* sem a pronúncia *verso,* que é menos surda e menos enfática que a pronúncia *bos* que, além disso, separa-se muito melhor de *humi* que *verso* se separa do artigo *o,* o que torna o monossílabo de Virgílio mais isolado que o *meu* e a queda de seu *bos* mais completa e mais pesada que aquela de meu *verso.*

Uma reflexão, que não será praticamente mais deslocada aqui que o discurso do imperador do México no capítulo "*Des coches*" de Montaigne[88], é que se tinha uma estranha veneração pelos antigos e um grande terror de Despréaux[89], quando se decidiu perguntar se era preciso ou não entender os dois versos seguintes de Homero como Longin os entendeu e como Boileau e La Motte os traduziram.

Jupiter pater, sed tu libera a caligine filios Achivorum
Ζευ πατερ, αλλα συ γυσαι υπ'ηεροσ υιασ Αχαιων,
Fac serenitatem, daque oculis videre.
ποιησον δ'αιθρην, δοσ δ'οφιθαλμοισιν ιδεσθαι.
Et in lucem perde nos, quando quidem tibi placuit ita.
εν δε φαει και ολεσσον, επει νυ τοι ευαδεν ουτωσ.
Grande Deus, expulsa a noite que nos cobre os olhos,

(87) Verso da *Eneida* (V, 481) de Virgílio e que significa: "O boi cai para frente sobre o solo."

(88) Michel Eyquem de Montaigne (1533-1592), escritor e pensador francês (NT).

(89) Nicolas Boileau (1636-1711), escritor e poeta francês, mais conhecido pelo apelido de Despréaux; os outros dois nomes citados são de tradutores de obras clássicas da época de Diderot (NT).

E combate contra nós na claridade dos céus[90]. – Boileau.

Aí estão, exclama Boileau com o orador Longino[91], os verdadeiros sentimentos de um guerreiro. Não pede a vida; um herói não seria capaz dessa baixeza: mas como não vê oportunidade para demonstrar sua coragem no meio da obscuridade, irrita-se por não combater; pede, portanto, com ânsia que o dia apareça para ter pelo menos um fim digno de seu grande coração, mesmo que tivesse de combater contra o próprio Júpiter.

Grande Deus, dá-nos o dia e combate contra nós! – La Motte[92].

Oh! senhores, responderei a Longino e a Boileau, não se trata dos sentimentos que um guerreiro deve ter nem do discurso que deve proferir na circunstância em que se encontra Ájax; Homero sabia aparentemente essas coisas tão bem como vocês; mas traduzir fielmente dois versos de Homero! E se, por acaso, não houvesse nada nesses versos daquilo que vocês elogiam, o que se tornariam seus elogios e suas reflexões? O que se deveria pensar de Longino, de La Motte e de Boileau, se por acaso tivessem suposto fanfarronadas ímpias em que não há senão uma oração sublime e patética? E é justamente o que lhes aconteceu. Que sejam lidos e relidos quantas vezes se quiser os dois versos de Homero; não se verá outra coisa senão que, pai dos deuses e dos homens, Ζευ πατερ, expulsa a noite que nos cobre os olhos e, uma vez que resolveste nos perder, perde-nos pelo menos na claridade dos céus.

Será necessário sem combates terminar a própria carreira?
Grande Deus, expulsa a noite que nos cobre os olhos,
Para que pereçamos na claridade dos céus.

(90) Estes versos são de Homero e transcritos em grego; os mesmos versos são precedidos pela tradução latina feita por um desconhecido tradutor holandês; as duas últimas linhas deste conjunto representam uma tradução livre e interpretativa de Boileau. De fato, a tradução dos versos gregos soa assim: "Zeus pai, salva dessa neblina os filhos dos aqueus, dá-nos um céu claro, permite a nossos olhos ver. Uma vez a luz feita, pois bem, tu nos destruirás, pois é precisamente isso que é de teu agrado" (NT).

(91) Longino (213-173), filósofo e orador grego (NT).

(92) De *L'Iliade en vers français et en douze chants*, tradução de Houdar de La Motte da *Ilíada*, publicada em 1714 (NT).

Se esta tradução não transmite o patético dos versos de Homero, pelo menos não se encontra mais o contrassenso daquela de La Motte e de Boileau.

Não há nela nenhum desafio a Júpiter, não se vê senão um herói prestes a morrer, se essa for a vontade de Júpiter e que não lhe pede outra graça a não ser a de morrer combatendo, Ζευ πατερ, *Jupiter! Pater*! Deverá ser assim que o filósofo Menipo[93] se dirige a Júpiter!

Hoje que se está ao abrigo dos hemistíquios do temível Despréaux e que o espírito filosófico nos ensinou a não ver nas coisas senão o que nelas existe, e a não elogiar a não ser o que é verdadeiramente belo; apelo a todos os sábios e a todas as pessoas de bom gosto, ao senhor Voltaire, ao senhor Fontenelle[94] etc., e lhes pergunto se Despréaux e La Motte não desfiguraram o Ájax de Homero e se Longin não achou que ele era bem mais bonito. Se que homens são Longino, Despréaux e La Motte: reconheço todos esses autores como meus mestres e não é a eles que ataco; é Homero que ouso defender.

A passagem do juramento de Júpiter e mil outras que teria podido citar provam o suficiente que não é necessário emprestar belezas a Homero; e aquela do discurso de Ájax só prova em demasia que, ao lhe emprestar alguma beleza, arrisca-se tirar dela aquelas que tem. Por mais gênio que se tenha, não se diz melhor do que Homero quando escreve bem. Procuremos entendê-lo bem antes de tentar recriminá-lo. Mas está de tal modo carregado desses hieroglifos poéticos, de que eu te falava há pouco, que somente na décima leitura é que se pode estar convencido de ter visto tudo. Poder-se-ia dizer que Boileau teve na literatura o mesmo destino que teve Descartes[95] na filosofia, e que foram eles que nos ensinaram a relevar os pequenos erros que lhes escaparam.

Se me perguntares em que época o hieróglifo silábico foi introduzido na linguagem; se é uma propriedade da linguagem nascente ou da linguagem formada ou da linguagem aperfeiçoada, responderei que os homens, ao instituir os primeiros elementos de sua língua, seguiram somente, pelo que parece, a maior ou menor facilidade que encontraram na conformação dos órgãos da fala, para pronunciar certas

(93) Menipo (IV-III séc. a.C.), poeta e filósofo grego da escola cínica (NT).

(94) Bernard Le Bovier de Fontenelle (1657-1757), escritor francês (NT).

(95) René Descartes (1596-1650), filósofo, físico e matemático francês; entre suas obras, *Discurso do Método* e *As paixões da alma* já foram publicadas nesta coleção da Editora Lafonte (NT).

sílabas antes que outras, sem consultar a relação que os elementos de suas palavras poderiam ter por sua quantidade ou por seus sons com as qualidades físicas dos seres que deviam designar. O som da vogal *A*, sendo pronunciado com muita facilidade, foi o primeiro a ser empregado; e foi modificado de mil maneiras diferentes, antes de recorrer a outro som. A língua hebraica vem em apoio a essa conjetura. A maioria de suas palavras não passa de modificações da vogal *A*; e essa singularidade da linguagem não desmente o que a história nos ensina sobre a antiguidade desse povo. Se o hebraico for examinado com atenção, necessariamente se estará propenso a reconhecê-lo como a língua dos primeiros habitantes da Terra[96]. Quanto aos gregos, havia muito tempo que falavam e deviam ter os órgãos da pronúncia muito bem exercitados quando introduziram em suas palavras a quantidade, a harmonia e a imitação silábica dos movimentos e dos ruídos físicos. Sobre a inclinação que se observa nas crianças quando têm de designar um ser do qual ignoram o nome, de suprir o nome por alguma das qualidades sensíveis do ser, presumo que foi ao passar do estágio de língua nascente para o de língua formada que a língua se enriqueceu com a harmonia silábica e que a harmonia periódica foi introduzida nas obras, mais ou menos marcante, à medida que a linguagem avançou do estágio de linguagem formada para o de linguagem aperfeiçoada.

Que seja como for a respeito dessas datas, cumpre constatar que aquele a quem a inteligência das propriedades hieroglíficas das palavras não lhe foi dada, não haverá de captar muitas vezes nos epítetos senão o material e estará sujeito a julgá-los desnecessários; acusará ideias de imperfeitas ou imagens de distantes, porque não vai perceber o liame sutil que as restringe. Não conseguirá ver que no *it cruor* de Virgílio, *it* é ao mesmo tempo análogo ao escorrer do sangue e ao pequeno movimento das gotas de água sobre as pétalas de uma flor; e vai perder uma dessas bagatelas que regulam os graus entre os escritores excelentes.

A leitura dos mais ilustres poetas tem, portanto, também sua dificuldade? Sim, sem dúvida; e posso assegurar que há mil vezes mais gente em condições de entender um geômetra que um poeta, porque há mil pessoas de bom senso contra um homem de bom gosto e mil pessoas de bom gosto contra uma de gosto refinado.

(96) Era opinião comum no século XVII que o hebraico teria sido a língua original de todos os homens (NT).

Alguém me escreveu que em um discurso pronunciado pelo padre Bernis[97], no dia da recepção do senhor Bissy[98] na Academia Francesa, Racine[99] foi acusado de ter faltado de bom gosto na passagem em que disse de Hipólito,

Ele seguia totalmente absorto o caminho de Micenas,
Sua mão sobre os cavalos deixava flutuar as rédeas.
Seus soberbos corcéis que eram vistos outrora
Cheios de um ardor tão nobre em obedecer à sua voz,
O olho morno agora, e a cabeça abaixada,
Pareciam se conformar a seu triste pensamento.

Se é a descrição em si que o padre Bernis ataca, assim como me asseguram, e não fora de propósito, seria difícil te dar uma prova mais recente e mais forte do que acabo de adiantar sobre a dificuldade da leitura dos poetas.

Não se percebe nada, parece-me, nos versos precedentes que não caracterize o abatimento e o pesar.

Ele seguia totalmente absorto o caminho de Micenas,
Sua mão sobre os cavalos deixava flutuar as rédeas.

Os cavalos é bem melhor que *seus cavalos*; mas quanto à imagem do que eram esses soberbos corcéis não acrescenta à imagem do que se tornaram? A oscilação da cabeça de um cavalo que caminho tristonho não é imitada em uma certa oscilação silábica do verso?

O olho morno agora, e a cabeça abaixada.

Vê, porém, como o poeta reconduz as circunstâncias a seu herói...

Seus soberbos corcéis etc.
Pareciam se conformar a seu triste pensamento.

O *pareciam* me parece demasiado sábio para um poeta; de fato, sabe-se que os animais que se apegam ao homem são sensíveis aos

(97) François Joachin de Pierre Bernis (1715-1794), cardeal da Igreja, estadista e escritor francês (NT).

(98) Claude Henri de Thiard, conde de Bissy, entrou na Academia Francesa em 1750 (NT).

(99) Jean Baptiste Racine (1639-1699), poeta trágico francês; os versos a seguir são desse poeta, extraídos de sua tragédia intitulada *Fedra*, ato IV, cena VI, versos 1501-1506 (NT).

sinais exteriores de sua alegria e de sua tristeza. O elefante se aflige com a morte de seu condutor; o cão mistura seus gritos àqueles de seu dono e o cavalo se entristece se aquele que o guia está magoado.

A descrição de Racine é, portanto, baseada na natureza; é nobre; é um quadro poético que um pintor imitaria com sucesso. A poesia, a pintura, o bom gosto e a verdade concorrem, portanto, em vingar Racine da crítica do padre Bernis.

Mas se nos pedissem de fazer notar ao *Louis-le-Grand*[100] todas as belezas dessa passagem da tragédia de Racine, não deixariam de nos advertir ao mesmo tempo que elas estavam deslocadas na boca de Teramenes e que Teseu teria tido razão em detê-lo e lhe dizer: "Ei! Deixa aí a carruagem e os cavalos de meu filho, e fala-me dele". Não é assim, acrescentava-nos o célebre Porée, que Antíloco anuncia a Aquiles a morte de Pátroclo. Antíloco se aproxima do herói e, com lágrimas nos olhos, conta-lhe em duas palavras a terrível notícia.

δακρυα θερμα χεων φατο δ'αγγελιην αλεγεινην
κειται Πατροκλοσ etc. "Pátroclo morreu; combatemos por seu cadáver; Heitor tem suas armas"[101].

Há mais sublimidade nesses dois versos de Homero que em toda a pomposa declamação de Racine. *Aquiles, não tens mais amigo e tuas armas estão perdidas...* A essas palavras, que não sente que Aquiles deve voar para o combate? Quando um trecho peca contra o decente e o verdadeiro, não é belo nem na tragédia nem no poema épico. Os detalhes daquele de Racine não convinham a não ser na boca de um poeta falando em seu nome e descrevendo a morte de um de seus heróis.

Foi assim que o hábil orador nos ensinava; certamente tinha espírito e bom gosto; e pode-se dizer dele que *foi o último dos gregos*[102]. Mas esse Filopêmenes dos oradores fazia o que se faz hoje.

(100) Nome do colégio onde ensinava retórica o padre Porée (1675-1741), citado em seguida no texto; célebre por sua eloquência, esse padre jesuíta enfrentou sérias dificuldades no meio literário e cultural porque havia escrito uma condenação do teatro e pronunciado um discurso reticente contra os romances, conseguindo obter das autoridades a proibição de muitos deles durante certo tempo (NT).

(101) Verso da *Ilíada* (XVIII, 17) de Homero (NT).

(102) Trata-se de Plutarco (50-125), escritor e historiador grego; sua obra principal é *Vidas dos homens ilustres*, na qual coloca em paralelo (por isso sua obra é conhecida também com o título de *Vidas paralelas*) a vida de um ilustre grego e a de um ilustre romano; no caso, põe em paralelo a vida do romano Tito Flamínio com a de Filopêmenes (253-183 a.C.), general do último esforço grego contra os romanos, a fim de conservar a própria independência (NT).

Ele enchia de espírito suas obras e parecia reservar seu gosto para julgar as obras dos outros.

Retorno ao padre Bernis; será que achava somente que a descrição de Racine estava deslocada? É precisamente o que o padre Porée nos ensinava há trinta e quatro anos: acusou de mau gosto a passagem que acabo de citar? A ideia é nova; mas é justa?

De resto, escrevem-me ainda que há nos discursos do padre Bernis trechos bem pensados, bem expressos e em grande número; tu deves saber sobre isso mais do que eu; tu, senhor, que não deixas passar nenhuma dessas ocasiões em que há a perspectiva de ouvir belas coisas. Se por acaso não se encontrasse nos discursos do padre Bernis nada do que acabo de saber e que me tivessem feito um relato infiel, isso provaria mais ainda a utilidade de uma boa *Carta endereçada àqueles que ouvem e que falam.*

Em toda parte, onde houver o hieróglifo acidental, quer em um verso, quer em um obelisco, como é aqui obra da imaginação e lá obra do mistério, vai exigir para ser entendido uma imaginação ou uma sagacidade pouco comuns. Mas se é tão difícil entender bem versos, quando mais não será fazê-los? Alguém poderia me dizer talvez que *todo mundo faz versos*; e eu responderia simplesmente, *quase ninguém faz versos.* Uma vez que toda arte de imitação tem seus hieróglifos particulares, gostaria muito que algum espírito instruído e delicado se ocupasse um dia a compará-los entre si.

Vita quoque omnis
Omnibus è nervis atque ossibus exsolvatur.
Lucret.

Illa graves oculos conata attollere, rursus
Deficit: infixum stridet sub pectore vulnus.
Ter sese attollens, cubitoque innixa levavit;
Ter revoluta toro est; oculisque errantibus, alto
Quæsivit cœlo lucem, ingemuitque repertâ.
Virg.

Figura 1

Os textos latinos reproduzidos estão traduzidos e comentados nas páginas seguintes.

Medir as belezas de um poeta com aquelas de outro poeta é o que foi feito mil vezes. Mas reunir as belezas comuns da poesia, da pintura e da música, mostrar suas analogias, explicar como o poeta, o pintor e o músico transmitem a mesma imagem, captar os emblemas fugidios de sua expressão, examinar se não haveria alguma similitude entre esses emblemas etc., é o que falta fazer e o que te aconselho a acrescentar a tuas *Belas-artes reduzidas a um mesmo princípio.* Não deixes tampouco de colocar no corpo dessa obra um capítulo sobre o que é a bela natureza, pois encontro muita gente que sustenta que, na falta de uma dessas coisas, teu tratado fica sem fundamento; e que, na falta da outra, carece de aplicação. Ensina-lhes, senhor, uma vez por todas como cada arte imita a natureza em um mesmo objeto; e demonstra-lhes que é falso, como o pretendem, que toda natureza é bela e que não há natureza feia a não ser aquela que não está em seu lugar. Por que, me dizem, um velho carvalho rachado, torto, desgalhado, que mandaria cortar se estivesse à minha porta, é precisamente aquele que o pintor plantaria ali, se tivesse de pintar minha cabana? Esse carvalho é belo? É feio? Quem tem razão, o proprietário ou o pintor? Não é a respeito de um só objeto de imitação que eles criam a mesma dificuldade e muitas outras. Querem que lhes diga ainda por que uma pintura admirável em um poema se tornaria ridícula em uma tela e por qual singularidade o pintor se proporia reproduzir com seu pincel estes belos versos de Virgílio:

Interea magno misceri murmure Pontum,
Emissamque hiemem sensit Neptunus, et imis
Stagna refusa vadis; graviter commotus, et alto
Prospiciens summa placidum caput extulit unda[103].

Por qual singularidade, dizem eles, esse pintor não poderia tomar o momento marcante, aquele em que Netuno ergue sua cabeça para fora das águas? Por que, parecendo então esse deus apenas um homem degolado, sua cabeça tão majestosa no poema haveria de causar um mau efeito sobre as ondas? Como acontece que aquilo que extasia nossa imaginação desagrade a nossos olhos? A bela

(103) Versos da *Eneida* (I, v. 124-127) e que significam: "Entretanto Netuno sentiu que o mar se revolvia em imensos rumores, que o mau tempo se havia nele desencadeado, que das profundezas os lençóis de água que dormiam refluíam para a superfície; vivamente comovido e, do alto, lançando seu olhar, ergueu sua fronte serena acima das ondas" (NT).

natureza não é, pois, continuam eles, uma só para o pintor e para o poeta? E Deus sabe muito bem as consequências que deduzem dessa afirmação. Esperando que tu me livres desses raciocinadores importunos, vou me divertir com um único exemplo de imitação da natureza em um mesmo objeto, em conformidade com a poesia, a pintura e a música.

Esse objeto de imitação das três artes é uma mulher moribunda; o poeta dirá:

Illa graves oculos conata attollere, rursus
Deficit: infixum stridet sub pectore vulnus.
Ter sese attollens, cubitoque annexa levavit;
Ter revoluta toro est; oculisque errantibus, alto
Quaesivit caelo lucem, ingemuitque reperta. – Virgílio[104].
Ou
Vita quoque omnis
Omnibus e nervis atque ossibus exsolvatur. – Lucrécio[105].

O músico[106] começará por praticar um intervalo de semitom descendente (*a*); *illa graves oculos conata attollere, rursus déficit*. Depois subirá por meio de um intervalo de falsa quinta (*r*); e depois uma pausa, por meio do intervalo ainda mais penoso de três tons (*b*); *ter sese attollens*; seguirá um pequeno intervalo de semitom ascendente (*c*); *oculis errantibus alto quaesivit caelo lucem*. Esse pequeno intervalo ascendente será o raio de luz. Era o último esforço da moribunda; ela irá em seguida sempre declinando por meio de graus enfeixados (*d*), *revoluta toro est*. Ela expirará finalmente e se extinguirá por meio de um intervalo de meio-tom (*e*), *vita quoque omnis, omnibus e nervis atque ossibus exsolvatur*. Lucrécio pinta a resolução das forças pela lentidão dos dois espondeus, *exsolvatur*; e o músico a realizará por meio de duas mínimas em graus enfeixados (*f*); a cadência na segunda dessas mínimas será uma imitação muito marcante do movimento vacilante de uma luz que se extingue.

---

(104) Versos da *Eneida* (IV, v. 688-692): "Ela (Dido) tenta soerguer os pesados olhos e recai inanimada: o sangue escorre assobiando da ferida que tem abaixo do peito. Três vezes, apoiando-se no cotovelo, teve ainda a força de se soerguer; três vezes recaiu sobre os travesseiros e, de olhos arregalados, procurou no céu uma luz e gemeu ao tê-la encontrado".

(105) Versos da obra *De rerum natura* (I, v. 810-811): "Toda a vida também lhe foge de todos os nervos e de todos os ossos".

(106) Ver figura II (nota do autor).

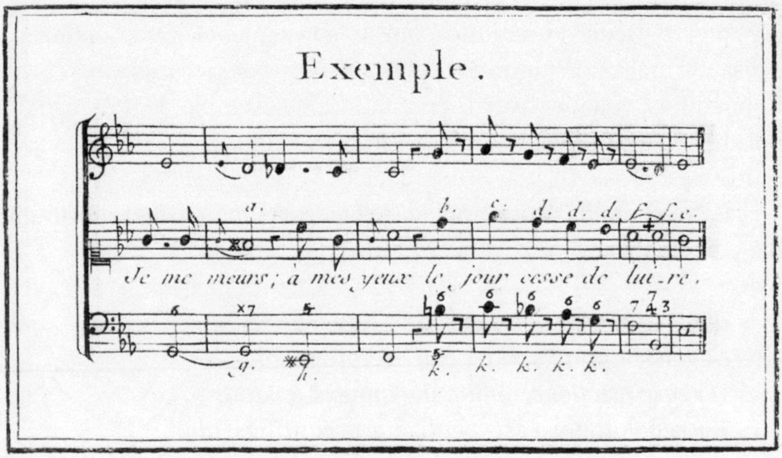

Figura 2

A letra francesa da música diz o seguinte: "Estou morrendo; a meus olhos o dia cessa de brilhar."

Percorre agora com os olhos a expressão do pintor; neles reconhecerás totalmente o *exsolvatur* de Lucrécio, nas pernas, na mão esquerda, no braço direito. O pintor, tendo apenas um momento, não pôde reunir tantos sintomas mortais como o poeta; mas, em contrapartida, são bem mais marcantes. É a própria coisa que o pintor mostra; as expressões do músico e do poeta não passam de hieróglifos. Quando o músico souber sua arte, as partes de acompanhamento concorrerão a fortificar a expressão da parte cantante ou a acrescentar novas ideias que o tema exigisse e que a parte cantante não tiver podido transmitir. Por isso, as primeiras medidas do baixo serão aqui de uma harmonia muito lúgubre que resultará de um acordo de sétima supérflua (*g*), disposta como fora das regras usuais e seguida de outro acorde dissonante de falsa quinta (*h*), o resto será um encadeamento de sextas e terças suaves (*k*) que caracterizarão o esgotamento das forças e que conduzirão à sua extinção. É o equivalente dos espondeus de Virgílio, *alto quaesivit caelo lucem*.

De resto, esboço aqui o que uma mão mais hábil pode completar. Não duvido que se encontrem em nossos pintores, nossos poetas e em nossos músicos exemplos, e mais análogos ainda uns dos outros e mais marcantes que o próprio tema que escolhi: mas te deixo o cuidado de procurá-los e de fazer uso deles, a ti, senhor, que deves ser pintor, poeta, filósofo e músico; pois não terás tentado reduzir as belas-artes a um mesmo princípio, se não te eram todas mais ou menos igualmente conhecidas.

Como o poeta e o orador sabem algumas vezes tirar proveito da harmonia do estilo e que o músico torna sempre sua composição mais perfeita quando bane dela certos acordes, e acordes que emprega, certos intervalos, elogio o cuidado do orador e o trabalho do músico e do poeta, enquanto recrimino essa pretensa nobreza que nos levou a excluir de nossa língua grande número de expressões enérgicas. Os gregos, os latinos que praticamente não conheciam essa falsa delicadeza diziam em sua língua o que queriam e como queriam. Para nós, à força de refinar, empobrecemos a nossa e, não tendo muitas vezes senão um termo próprio para transmitir uma ideia, preferimos enfraquecer a ideia a não empregar um termo nobre. Que perda para aqueles entre nossos escritores que têm a imaginação fértil, como a de tantas palavras que revemos com prazer em Amyot[107] e em Montaigne[108]. Eles começaram por ser rejeitados pelos cultores do belo estilo, porque haviam passado para o lado do povo; e, em seguida, rejeitados pelo próprio povo que, com o tempo, sempre é o macaco dos grandes, tornando-se totalmente inusitados. Não duvido que logo poderemos ter, como os chineses, a língua *falada* e a língua *escrita*. Será esta, senhor, quase minha última reflexão. Caminhamos juntos por bastante tempo e pressinto que já é tempo de nos separarmos. Se te detenho ainda um momento à saída do labirinto, para onde te levei a passear, é para te relembrar em poucas palavras os meandros.

Acreditei que, para bem conhecer a natureza das inversões, era oportuno examinar como a linguagem oratória era formada.

Inferi desse exame 1º que nossa língua estava repleta de inversões, se fosse comparada com a linguagem animal ou com o primeiro estágio da linguagem oratória, o estágio em que essa linguagem se apresentava sem casos, sem regime, sem declinações, sem conjugações, em uma palavra, sem sintaxe. 2º Que, se em nossa língua não tínhamos quase nada daquilo que chamamos inversão nas línguas antigas, talvez fôssemos devedores neste aspecto ao peripatetismo moderno que, realizando os seres abstratos, lhes havia atribuído o lugar de honra no discurso.

(107) Jacques Amyot (1513-1593), bispo e humanista francês (NT).
(108) Michel Eyquem de Montaigne (1533-1592), escritor e pensador francês (NT).

Apoiado nessas primeiras verdades, pensei que, sem remontar à origem da linguagem oratória, se poderia certificar-se disso unicamente pelo estudo da língua dos gestos.

Propus dois meios de conhecer a língua dos gestos; as experiências com um mudo de convenção e a conversa assídua com um surdo-mudo de nascença.

Figura 3

A ideia do mudo de convenção ou aquela de tirar a palavra a um homem para buscar esclarecimentos sobre a formação da linguagem, essa ideia, repito, um pouco generalizada, levou-me a considerar o homem distribuído em tantos seres distintos e separados quanto faz sentido; e compreendi que se, para bem julgar a entonação de um ator, era preciso escutá-lo sem vê-lo, era natural de olhá-lo sem ouvi-lo para bem julgar seu gesto.

Sobre a energia do gesto, relatei alguns exemplos marcantes que me empenharam na consideração de uma espécie de sublime, a que chamo *sublime de situação.*

A ordem que deve reinar entre os gestos de um surdo-mudo de nascença, cuja conversa familiar me pareceu preferível às experiências feitas com um mudo de convenção, e a dificuldade que se tem de transmitir certas ideias a esse surdo-mudo, fizeram-me distinguir entre os sinais oratórios, os *primeiros* e os *últimos* instituídos.

Vi que os sinais que indicavam no discurso as partes indeterminadas da *quantidade*, e sobretudo aquelas do *tempo*, tinham sido do número dos últimos instituídos; e *compreendi* por que em algumas línguas faltavam diversos *tempos* e por que outras línguas faziam duplo emprego do mesmo *tempo*.

Essa falta de *tempos* em uma língua e esse abuso dos *tempos* em outra me levaram a distinguir em toda língua em geral três estágios diferentes, o estágio de *nascimento*, aquele de *formação* e o estágio de *perfeição*.

Vi sob a língua formada o espírito encadeado pela sintaxe e na impossibilidade de colocar entre seus conceitos a ordem que reina nos períodos gregos e latinos; disso *concluí* 1º que, qualquer que seja a ordem dos termos em uma língua antiga ou moderna, o espírito do escritor seguiu a ordem didática da sintaxe francesa; 2º que, sendo essa sintaxe a mais simples de todas, a língua francesa levava vantagem, sob esse aspecto e sob vários outros, sobre as línguas antigas.

Fiz mais: demonstrei, pela introdução e pela utilização do artigo *hic, ille*, na língua latina, e *le* (o), na língua francesa, e pela necessidade de ter várias percepções de uma só vez para formar um julgamento ou um discurso que, se o espírito não fosse subjugado pelas sintaxes gregas e latinas, a série de seus aspectos não se afastaria praticamente do arranjo didático de nossas expressões.

Seguindo a passagem do estágio de língua formada para o estágio de língua aperfeiçoada, *encontrei* a harmonia.

Comparei a harmonia do estilo com a harmonia musical e *me convenci:* 1º Que, nas palavras, a primeira era um efeito da *quantidade* e de um certo entrelaçamento das vogais com as consoantes, sugerido pelo instinto; e que no período ela resultava do arranjo das palavras; 2º que a harmonia silábica e a harmonia periódica geravam uma espécie de hieróglifo particular para a poesia; e *considerei* esse hieróglifo na análise de três ou quatro trechos dos maiores poetas.

Com essa análise, *acreditei poder assegurar* que era impossível transpor um poeta em outra língua e que era mais comum entender bem um geômetra que um poeta.

Provei por meio de dois exemplos a dificuldade de entender bem um poeta; pelo exemplo de Longino, de Boileau e de La Motte, que se enganaram em uma passagem de Homero; e pelo exemplo do padre Bernis, que me pareceu ter-se enganado em uma passagem de Racine.

Depois de ter fixado a data da introdução do hieróglifo silábico em uma língua, qualquer que seja, *observei* que cada arte de imitação tinha seu hieróglifo e que seria de desejar que um escritor instruído e delicado empreendesse sua comparação.

Nesse local, *esforcei-me*, senhor, em te dar a entender que algumas pessoas esperavam de ti esse trabalho, e que aqueles que leram tuas *Belas-artes reduzidas à imitação da bela natureza* se achavam no direito de exigir que lhes explicasses claramente o que vem a ser a *bela natureza*.

Esperando que tu fizesses a comparação dos hieróglifos da poesia, da pintura e da música, *ousei* tentá-la também em um mesmo tema.

A harmonia musical que entrava necessariamente nessa comparação me levou à harmonia oratória. *Disse* que os entraves de uma e de outra eram muito mais suportáveis que não sei qual pretensa delicadeza que tende, dia após dia, a empobrecer nossa língua; e o repetia, quando me encontrei novamente no local onde te havia deixado.

Não vás imaginar, senhor, por minha última reflexão, que me arrependo de ter preferido nossa língua a todas as línguas antigas e à maioria das línguas modernos. Persisto em minha opinião e acho sempre que o francês tem sobre o grego, o latim, o italiano, o inglês etc., a vantagem do útil sobre o agradável.

Pode ser que me objetem que se, segundo meu testemunho, as línguas antigas e aquelas de nossos vizinhos servem melhor para o entretenimento, temos experiência que não ficamos abandonados nas ocasiões úteis: mas eu responderia que, se nossa língua é admirável nas coisas úteis, sabe também se prestar às coisas agradáveis. Acaso há algum caráter que ela não tenha assumido com sucesso? Ela é divertida em Rabelais, ingênua em La Fontaine e Brantôme, harmoniosa em Malherbe e Fléchier, sublime em Corneille e Bossuet: que não é em Boileau, Racine, Voltaire[109] e em uma multidão de outros escritores em verso e em prosa? Não nos lamentemos, pois. Se soubermos nos servir dela, nossas obras serão tão preciosas para

(109) Desses diversos escritores franceses mencionados nesta frase, os três últimos já foram citados em outras passagens deste escrito; os demais: Jean de La Fontaine (1621-1695), poeta e fabulista; François de Malherbe (1555-1628), poeta; Esprit Fléchier (1632-1710), orador sacro e historiador; Pierre Corneille (1606-1684), poeta dramático; Jacques Bénigne Bossuet (1627-1704), bispo, orador sacro e escritor (NT).

a posteridade como as obras dos antigos o são para nós. Nas mãos de um homem comum, o grego, o latim, o inglês e o italiano não produzirão senão coisas comuns; o francês produzirá milagres na caneta de um homem de gênio. Em qualquer língua que seja, a obra que o gênio cria não cairá nunca.

O AUTOR DA CARTA PRECEDENTE
ao senhor B., seu livreiro

Nada de mais perigoso, senhor, que fazer a crítica de uma obra que não se leu e, com maior razão, de uma obra que só se conhece por *ouvir-dizer*; é precisamente o caso em que me encontro.

Uma pessoa que havia assistido à última assembleia pública da Academia Francesa tinha-me assegurado que o padre Bernis havia retomado, não como simplesmente deslocados, mas como ruins em si mesmos esses versos do relato de Teramenes,

Seus soberbos corcéis, que eram vistos outrora
Cheios de um ardor tão nobre em obedecer à sua voz,
Os olhos mornos agora, e a cabeça baixa,
Pareciam se conformar a seu triste pensamento.

Acreditei, sem nenhuma intenção de desagradar ao padre Bernis, poder atacar uma opinião que eu tinha como considerar que fosse a dele. Mas me chegaram de todos os lados, em minha solidão, informações de que o padre Bernis não quis recriminar nesses versos de Racine senão *o fora de propósito* e não a imagem em si. Houve quem dissesse que, longe de publicar sua crítica como uma novidade, ele só citou os versos de que se trata como o exemplo mais conhecido e, por conseguinte, mais apropriado para convencer sobre a fraqueza que os grandes homens têm às vezes de se deixarem levar pelo mau gosto.

Julgo, portanto, senhor, dever declarar publicamente que sou inteiramente da mesma opinião do padre Bernis e retratar, por conseguinte, uma crítica prematura.

Envio-te essa retratação tão conveniente a um filósofo que só ama e procura a verdade. Peço-te de juntá-la à minha própria carta, a fim de que subsistam ou sejam esquecidas juntas; e principalmente fazê-la chegar ao padre Raynal, para que possa fazer menção dela em seu *Mercure*[110]; e ao padre Bernis, que nunca tive a honra de ver e que só conheço pela reputação que lhe mereceram seu amor pelas letras, seu distinto talento pela poesia, pela delicadeza de seu gosto, pela amenidade de seus costumes e pela aprovação de seu trabalho. Aí está algo sobre que não teria de me retratar, uma vez que todos são da mesma opinião.

Sou, com toda a sinceridade, senhor, teu muito etc.

V., 3 de março de 1751

(110) Esta retratação foi publicada em abril de 1751 em *Le Mercure de France*, periódico semanal (NT).

Aviso a siversos homens

As perguntas que a gente se empenhou em responder na carta que segue foram propostas pela própria pessoa a quem é endereçada esta carta; e ela não é a centésima mulher de Paris que esteja em condições de entender as respostas.

Carta à senhorita...

Não, senhorita[111], não te esqueci; confesso somente que o momento de lazer de que precisava para colocar em ordem minhas ideias se fez esperar por muito tempo. Mas, finalmente, apresentou-se entre o primeiro e o segundo volume da grande obra que me ocupa[112], e me aproveito dele como de um intervalo de bom tempo em dias chuvosos.

Não compreendes, dizes, como, na suposição singular de um homem dividido em outras tantas partes pensantes quantos sentidos temos, poderia ocorrer que cada sentido se tornasse geômetra e que algum dia se formasse entre os cinco sentidos uma sociedade, na qual se falaria de tudo e na qual só se haveria de entender-se em geometria. Vou me empenhar em esclarecer essa passagem, pois todas as vezes que tiveres dificuldade em me entender, devo pensar que é culpa minha.

O olfato voluptuoso não deveria se deter nas flores; o ouvido delicado ficar impressionado com os sons; o olho pronto e rápido passear sobre diferentes objetos; o gosto inconstante e caprichoso mudar de sabores; o tato pesado e material se apoiar em sólidos, sem que restasse a cada um desses observadores a memória ou a consciência de uma, duas, três, quatro e mais percepções diferentes;

(111) O próprio Diderot identifica em *Ceci n'est pas un conte* (1773) a destinatária desta carta: era a senhorita La Chaux que teria traduzido ao francês as primeiras obras de filósofo inglês Hume (NT).

(112) Trata-se da *Enciclopédia Francesa*, da qual Diderot era o coordenador geral (NT).

ou aquela da própria percepção uma, duas, três, quatro vezes reiterada e, por conseguinte, a noção dos números, *um, dois, três, quatro* etc. As experiências frequentes que nos constatam a existência dos seres ou de suas qualidades sensíveis nos conduzem, ao mesmo tempo, à noção abstrata dos números; e quando o tato, por exemplo, disser "toquei dois globos, um cilindro", de duas coisas uma: ou ele próprio não se entenderá, ou com a noção de globo e de cilindro terá aquela dos números *um* e *dois* que poderá separar por abstração, corpos aos quais os aplicava e formar-se um objeto de meditação e de cálculos; cálculos aritméticos, se os símbolos de suas noções numéricas não designam juntos ou separado senão uma coleção determinada de unidades; cálculos algébricos, se mais gerais, estendem-se cada um indeterminadamente a toda a coleção de unidades.

Mas a vista, o olfato e o gosto são capazes dos mesmos progressos científicos. Nossos sentidos distribuídos em tantos seres pensantes poderiam, portanto, elevar-se todos eles às especulações mais sublimes da aritmética e da álgebra; alicerçar as profundezas da análise; propor entre eles os problemas mais complicados sobre a natureza das equações e resolvê-las como se fossem Diofante[113]. Isso é talvez o que faz a ostra em sua concha.

Como quer que seja, segue-se que a matemática pura entra em nossa alma por todos os sentidos, e que as noções abstratas nos deveriam ser bem familiares. Entretanto, levados nós mesmos sem cessar por nossas necessidades e por nossos prazeres da esfera das abstrações para os seres reais, deve-se presumir que nossos sentidos personificados não entabulariam uma longa conversa sem atingir a qualidade dos seres pela noção abstrata dos números. Logo, o olho pintaria seu discurso e seus cálculos com cores e o ouvido dirá dele: *Aí está sua loucura que o domina*; e o tato, *mas ele é louco por unir quando está com suas cores*. O que imagino do olho, convém igualmente aos outros quatro sentidos. Eles se verão todos no ridículo; e por que nossos sentidos não ficariam separados, como estão bem algumas vezes reunidos?

Mas as noções dos números não serão as únicas que terão em comum. O olfato, tornando-se geômetra e considerando a flor como um centro, encontrará a lei segundo a qual o cheiro se enfraquece ao se distanciar; e não há nem um só dos outros que não

(113) Matemático de Alexandria do século III antes de Cristo (NT).

possa se elevar, senão ao cálculo, pelo menos à noção das *intensidades* e das *remissões*[114].

Poder-se-ia formar uma tabela bastante curiosa das qualidades sensíveis e das noções abstratas, comuns e peculiares a cada um dos sentidos; mas aqui não é meu tema. Observarei somente que quanto mais um sentido for rico, mais terá noções peculiares e mais haverá de parecer extravagante aos outros. Trataria estes de seres limitados, mas, em contrapartida, esses seres limitados o tomariam seriamente por um louco; o mais louco entre eles se consideraria infalivelmente o mais sábio; um sentido não seria praticamente contradito senão sobre o que melhor soubesse; seriam quase sempre quatro contra um, o que deve conferir boa opinião dos julgamentos da multidão; em lugar de fazer de nossos sentidos personificados uma sociedade de cinco pessoas, se com eles se compuser um povo, esse povo se dividirá necessariamente em cinco seitas: a seita dos olhos, aquela dos narizes; a seita dos palatos, aquelas das orelhas; e a seita das mãos.

Essas seitas terão todas a mesma origem: a ignorância e o interesse; o espírito de intolerância e perseguição se infiltrará logo entre elas; os olhos serão condenados às *Petites-Maisons*[115], como visionários; os narizes, considerados como imbecis; os palatos, evitados como pessoas insuportáveis por seus caprichos e sua falsa delicadeza; as orelhas, detestadas por sua curiosidade e seu orgulho; e as mãos, desprezadas por seu materialismo; e se um poder superior apoiasse as justas e caridosas intenções de cada partido, em um instante a nação inteira seria exterminada.

Parece-me que, com a leveza de La Fontaine e o espírito filosófico de La Motte, far-se-ia uma excelente fábula com essas ideias; mas não seria melhor que aquela de Platão. Platão supõe que estamos todos sentados em uma caverna, com as costas voltadas para a luz e o rosto para o fundo; que quase não podemos virar a cabeça e que nossos olhos não se dirigem jamais para aquilo que se passa diante de nós. Imagina, entre a luz e nós, uma longa muralha, acima da qual aparecem, vão, vêm, avançam, recuam e desaparecem figuras de todo tipo, cujas sombras são projetadas para o fundo da caverna. O povo morre sem jamais ter percebido a não ser essas sombras. Se

(114) Dois termos técnicos da época: *intensidade*, usado em física e *remissão*, em medicina (NT).

(115) Denominação do hospital de Paris onde eram recolhidos os loucos (NT).

ocorresse a um homem sensato de almejar o prestígio de vencer, à força de se atormentar, o poder que lhe mantinha a cabeça virada, escalar a muralha e sair da caverna, que se guardasse bem, se algum dia retornasse à caverna, de abrir a boca sobre o que tinha visto[116]. Bela lição para os filósofos! Permite, senhorita, que aproveite disso, como se me tivesse tornado filósofo, para passar a outras coisas.

Tu me perguntas em seguida como temos diversas percepções ao mesmo tempo. Tens dificuldade em compreendê-lo; mas compreendes mais facilmente que poderíamos formar um juízo ou comparar duas ideias, a menos que uma não nos seja apresentada pela percepção e a outra pela memória? Várias vezes, na intenção de examinar o que se passava em minha cabeça e de *surpreender meu espírito*, compenetrei-me na mais profunda meditação, retirando-me em mim mesmo com toda a contenção de que sou capaz; mas esses esforços nada produziram. Pareceu-me que seria necessário estar ao mesmo tempo dentro e fora de si e fazer ao mesmo tempo o papel de observador e aquele da máquina observada. Mas ocorre com o espírito o mesmo com o olho; não se vê. Somente Deus sabe como o silogismo se realiza em nós. Ele é o autor do pêndulo; colocou a alma ou o *movimento* na caixa e as horas se marcam em sua presença. Um monstro de duas cabeças encravadas no mesmo pescoço talvez nos pudesse dar alguma notícia. É preciso esperar, portanto, que a natureza que combina tudo e que traz com os séculos os fenômenos mais extraordinários, nos dê um *Dicéfalo*[117] que se contempla a si mesmo e que uma de suas cabeças faça observações sobre a outra.

Confesso-te que não estou em condições de responder as perguntas que me propões sobre os surdos e mudos de nascença. Seria necessário recorrer a meu antigo amigo mudo ou, o que seria ainda melhor, consultar o senhor Pereire[118]. Mas as ocupações contínuas que me obsedam não me deixam tempo livre. É suficiente apenas um instante para formar um sistema; as experiências exigem tempo. Vou retornar, em seguida, à dificuldade que tiveste no exemplo que tirei do primeiro livro da *Eneida*.

Sustento em minha *Carta* que o belo momento do poeta não

(116) Esta alegoria da caverna é descrita na obra *A República* (livro VII) de Platão (427-347? A.C.); esta obra já foi publicada nesta coleção da Editora Lafonte (NT).

(117) Na mitologia grega, monstro de duas cabeças (NT).

(118) Jakob Rodriguez Pereire dedicou sua vida ao ensino dos surdos-mudos na França. Em 1750 já era conhecido e celebrado por seus grandes sucessos conquistados nessa atividade (NT).

é sempre o belo momento do pintor e essa é também tua opinião. Não concebes, porém, como essa cabeça de Netuno, que no poema se eleva tão majestosamente sobre as ondas, cause um mau efeito na tela. Dizes: "Admiro a cabeça de Netuno em Virgílio, porque as águas não furtam à minha imaginação o resto da figura; e por que não haveria de admirar também na tela de Carle[119], se seu pincel sabe conferir transparência às ondas?".

Posso, parece-me, te dar várias razões. A primeira, e que não é a melhor, é que todo corpo que só está imerso em parte em um fluido é desfigurado por um efeito da refração que um imitador fiel da natureza é obrigado a representar e que afastaria a cabeça de Netuno de cima de seus ombros. A segunda é que, por mais transparência que o pincel possa conferir à água, a imagem dos corpos nela imersos é sempre muito enfraquecida. Assim, o espectador, ao reunir toda a sua atenção na cabeça de Netuno, o deus do mar não pareceria menos degolado. Mas vou mais longe. Suponho que um pintor possa, sem consequências, negligenciar o efeito da refração e que seu pincel saiba representar toda a limpidez natural das águas. Creio que seu quadro seria ainda defeituoso se escolhesse o momento em que Netuno ergue sua cabeça sobre as ondas. Pecaria contra uma regra que os grandes mestres observam inviolavelmente e que a maioria daqueles que julgam suas produções não conhece bastante. É que nas inumeráveis ocasiões em que figuras projetadas sobre uma figura humana ou, mais geralmente, sobre uma figura animal, devem cobrir parte dela; essa parte oculta pela projeção nunca deve ser inteira e completa. Com efeito, se fosse um punho ou um braço, a figura pareceria maneta; se fosse outro membro, pareceria mutilada desse membro e, por conseguinte, estropiada. Todo pintor que recear trazer à imaginação objetos desagradáveis deverá evitar a aparência de uma amputação cirúrgica. Administrará a disposição relativa de suas figuras, de maneira que alguma porção visível dos membros escondidos anuncie sempre a existência do resto.

Esta máxima se estende, embora com menos severidade, a todos os outros objetos. Quebra tuas colunas, se quiseres, mas não as serres. É antiga e a vemos constantemente observada nos bustos. Foi-lhes dada, com o pescoço inteiro, uma parte dos ombros e do

(119) Carle Van Loo (1705-1765), pintor francês de origem holandesa, primeiro pintor do rei da França a partir de 1762 (NT).

peito. Os artistas escrupulosos diriam, portanto, ainda no exemplo de que se trata, que as ondas degolam Netuno. Por isso ninguém se arriscou em registrar esse instante. Todos preferiram a segunda imagem do poeta, o momento seguinte, em que o deus do mar está quase por inteiro fora das águas e em que se começa a perceber as rodas leves de sua carruagem.

Se continuares, porém, a estar descontente com esse exemplo, o mesmo poeta me fornecerá outros que provarão melhor que a poesia nos leva a admirar imagens cuja pintura seria insustentável e que nossa imaginação é menos escrupulosa que nossos olhos. Com efeito, quem poderia suportar na tela a visão de Polifemo fazendo estalar em seus dentes os ossos de um dos companheiros de Ulisses? Quem poderia ver sem horror um gigante mastigando um homem atravessado em sua boca enorme, com o sangue escorrendo em sua barba e em seu peito? Esse quadro vai recriar apenas canibais. Essa natureza poderá ser admirável para antropófagos, mas detestável para nós[120].

Fico surpreso quando penso em quantos elementos diferentes se baseiam as regras da imitação e do gosto e a definição da bela natureza. Parece-me que, antes de se pronunciar sobre esses assuntos, seria necessário ter tirado proveito de uma infinidade de questões relativas aos costumes, aos usos, ao clima, à religião e ao governo. Todas as abóbadas são rebaixadas na Turquia. O muçulmano imita a Lua crescente em toda parte. Seu próprio gosto é subjugado; e a servidão dos povos se nota até na forma das cúpulas. Mas enquanto o despotismo rebaixa as abóbadas e os arcos, o culto quebra as figuras humanas e as bane da arquitetura, da pintura e dos palácios.

Algum outro, senhorita, vai te contar a história das diferentes opiniões dos homens sobre o gosto e vai te explicar, por meio de razões ou conjeturas, de onde provém a extravagante irregularidade que os chineses demonstram em toda parte; vou procurar desenvolver, em poucas palavras, a origem daquilo que designamos o gosto em geral, deixando para ti o cuidado de examinar a quantas vicissitudes os princípios estão sujeitos.

A percepção das relações é um dos primeiros passos de nossa razão. As relações são simples ou compostas. Constituem a simetria. A percepção das relações simples é, na realidade, mais fácil que

(120) O relato do gigante Polifemo é descrito por Homero na *Odisséia*, IX, v. 187-293 (NT).

aquela das relações compostas; e entre todas as relações, aquela de igualdade é a mais simples e, portanto, seria natural preferi-la; e é o que se faz. É por essa razão que os lados de um navio são iguais e que os lados das janelas são paralelos. Nas artes, por exemplo na arquitetura, afastar-se, muitas vezes, das relações simples e das simetrias que geram é fazer uma máquina, um labirinto, e não um palácio. Se as razões de utilidade, de variedade, de colocação etc. nos obrigam a renúncia à relação de igualdade e à simetria mais simples, é sempre com pesar e nos apressamos em retornar por vias que parecem inteiramente arbitrárias aos homens superficiais. Uma estátua é feita para ser vista de longe: entre todas as figuras regulares se escolherá para ela aquela que opõe mais superfície ao chão: é um cubo. Esse cubo ficará mais firme ainda, se suas faces forem inclinadas: serão inclinadas. Ao inclinar as faces do cubo, porém, vai se destruir a regularidade do corpo e com ela as relações de igualdade; voltar-se-á ao estado anterior por meio do rodapé e das molduras. As molduras, os filetes, os contornos, os rodapés, as cornijas, as telas etc. não passam de meios sugeridos pela natureza para se distanciar da relação de igualdade e para retornar a ela insensivelmente. Mas seria preciso conservar em um pedestal alguma ideia de leveza? Basta abandonar o cubo pelo cilindro. Trata-se de caracterizar a inconstância? No cilindro se encontrará uma estabilidade demasiado marcante e se terá de procurar uma figura que a estátua só toque em um ponto. É assim que a Fortuna deverá ser colocada sobre um globo e o Destino sobre um cubo.

Não julgues, senhorita, que esses princípios se aplicam apenas na arquitetura. O gosto em geral consiste na percepção das relações. Um belo quadro, um poema, uma bela música só nos agradam pelas relações que neles notamos. Ocorre o mesmo com uma bela vista como com um belo concerto. Lembro-me de ter feito uma aplicação bastante feliz desses princípios aos fenômenos mais delicados da música; e acredito que eles abrangem tudo.

Tudo tem sua ração suficiente; mas nem sempre é fácil descobri-la. Basta apenas um acontecimento para eclipsá-la sem volta. As únicas trevas que os séculos deixam após si bastam para isso; e em alguns milhares de anos, quando a existência de nossos pais tiver desaparecido na noite dos tempos e que nós formos os mais antigos habitantes do mundo, aos quais a história profana possa remontar, quem vai adivinhar a origem dessas cabeças de carneiros que nossos arquitetos transportaram dos templos pagãos para nossos edifícios?

Vês, senhorita, sem esperar tanto tempo, em que pesquisas se empenharia desde hoje aquele que decidisse escrever um tratado histórico e filosófico sobre o gosto. Não me sinto feito para suplantar essas dificuldades que requerem muito mais gênio que conhecimento. Lanço minhas ideias no papel e elas se tornam o que puderem.

Tua última pergunta traz um número tão grande de temas diferentes e de um exame tão delicado que uma resposta que os abrangesse a todos exigiria mais tempo e talvez também mais penetração e conhecimentos do que tenho. Pareces duvidar *que haja muitos exemplos em que a poesia, a pintura e a música forneçam hieróglifos que possam ser comparados*. Em primeiro lugar, é certo que há *outros* além daquele que mencionei: mas há *muitos*? É o que não se pode saber a não ser por uma leitura atenta dos grandes músicos e dos melhores poetas, acrescida de um conhecimento extenso do talento da pintura e das obras dos pintores.

Pensas que, *para comparar a harmonia musical com a harmonia oratória, seria necessário que houvesse nesta um equivalente da dissonância*; e tens razão; mas o encontro das vogais e das consoantes que se elidem, o retorno de um mesmo som e o emprego do *h* aspirado não têm essa forma? E não é necessária em poesia a mesma arte, ou melhor, o mesmo gênio que em música, para usar desses recursos? Aí vão, senhorita, alguns exemplos de dissonâncias oratórias; tua memória te oferecerá sem dúvida grande número de outros.

Cuida para que uma vogal correndo muito apressada
Não seja por uma vogal em seu caminho atropelada.
Boileau[121].

"*Mons*trum, h*orren*dum, in*for*me, i*ngens, cui lumen ademptum.*"
Virgílio[122]

(121) *Art poétique*, canto I, v. 107-108, de Nicolas Boileau (1636-1711), escritor e poeta francês, mais conhecido pelo apelido de Despréaux (NT).

(122) *Eneida*, III, v. 658 de Publius Vergilius Maro (71-19 a.C.), maior poeta latino; o verso significa: "Monstro, horrendo, informe, enorme, a quem a luz foi arrebatada" (NT).

"*Cum Sagana majore ululantem* (...)
Serpentes atque videres
Infernas errare canes (...)
(...) *quo pacto alterna loquentes*
Umbrae cum Sagana resonarent triste et acutum."
Horácio[123]

Todos estes versos estão cheios de dissonâncias; e aquele que não as capta não tem ouvido.

Há, acrescentas finalmente, *trechos de música aos quais não se ligam imagens, que não formam nem para ti nem para ninguém nenhuma pintura hieroglífica e que causam, no entanto, um grande prazer em todos.*

Concordo com esse fenômeno; mas te peço considerar que esses trechos de música, que te afetam agradavelmente sem despertar em ti nem pintura nem percepção distinta de relações, só atingem teu ouvido como o arco-íris agrada a teus olhos, com um prazer de sensação pura e simples; e que falta muito para que tenham toda a perfeição que poderias deles exigir e que teriam, se a verdade da imitação se encontrasse neles juntamente aos encantos da harmonia. Deves concordar, senhorita, que, se os astros não perdessem nada de seu brilho na tela, tu os acharias nela mais belos que no firmamento, com o prazer refletido que nasce da imitação unido ao prazer direto e natural da sensação do objeto. Estou certo que jamais o clarão da Lua te afetou tanto na natureza como em um das noites de Vernet[124].

Em música, o prazer da sensação depende de uma disposição particular não somente do ouvido, mas de todo o sistema dos nervos. Se há cabeças que ressoam, há também corpos que eu chamaria, de bom grado, harmônicos; homens, em quem todas as fibras oscilam com tanta prontidão e vivacidade que, com a experiência dos movimentos violentos que a harmonia lhes causa, sentem a possibilidade de movimentos mais violentos ainda e atingem a ideia de uma espécie de música que os faria morrer de prazer. Então sua

(123) *Satirae*, I, v. 25, 34-35, 40-41, de Quintus Horatius Flaccus (65-8 a.C.), poeta latino; os versos significam: "Urrando com o mais velho dos Saganas (...), ter-se-ia podido ver as serpentes e as cadelas infernais vagar (...), de que maneira as sombras, cujas palavras alternavam com aquelas de Sagana, faziam ressoar um murmúrio triste e agudo" (NT).

(124) Joseph Vernet (1714-1789), pintor francês (NT).

existência lhes parece como que ligada a uma única fibra retesada, que uma vibração muito forte pode romper. Não creias, senhorita, que esses seres tão sensíveis à harmonia sejam os melhores juízes da expressão. Estão quase todos além dessa emoção suave, na qual o sentimento não prejudica a comparação. Eles se assemelham a essas almas fracas que não podem ouvir a história de um infeliz sem derramar lágrimas por ele, e para quem não há tragédias más.

De resto, a música tem mais necessidade de encontrar em nós essas disposições favoráveis de órgãos, que nega a pintura e a poesia. Seu hieróglifo é tão leve e tão fugidio, é tão fácil de perder ou de interpretar mal, que o mais belo trecho de sinfonia não causaria grande efeito, se o prazer infalível e súbito da sensação pura e simples não estivesse infinitamente acima daquele de uma expressão, muitas vezes, equívoca. A pintura mostra o próprio objeto, a poesia o descreve, a música excita com dificuldade uma ideia dele. Ela não tem recursos senão nos intervalos e na duração dos sons; e que analogia há entre essa espécie de desenhos a lápis e a primavera, as trevas, a solidão etc. e a maioria dos objetos? Como explicar, portanto, que de três artes imitadoras da natureza, aquela cuja expressão é a mais arbitrária e a menos precisa fale mais profundamente à alma? Será que, mostrando menos os objetos, deixe mais livre curso à nossa imaginação? Ou que, tendo necessidade de abalos para ficar emocionados, a música é mais apropriada que a pintura e a poesia para produzir em nós esse efeito tumultuoso?

Esses fenômenos me surpreenderiam muito menos, se nossa educação se assemelhasse mais àquela dos gregos. Em Atenas, os jovens dedicavam quase todos dez a doze anos ao estudo da música; e um músico, só tendo músicos como ouvintes e como juízes, um trecho sublime devia naturalmente lançar toda uma assembleia no mesmo frenesi com que são agitados aqueles que fazem executar suas obras em nossos concertos. Mas é da natureza de todo entusiasmo comunicar-se e crescer com o número dos entusiastas. Os homens têm então uma ação recíproca, uns sobre os outros, por meio da imagem enérgica e viva que se oferecem todos da paixão pela qual cada um deles é enlevado: disso decorre essa alegria insensata de nossas festas públicas, o furor de nossas sublevações populares e os efeitos surpreendentes da música entre os antigos;

efeitos que o quarto ato de *Zoroastro*[125] teria renovado entre nós, se nossa plateia estivesse repleta de um povo tão musical e tão sensível como a juventude ateniense.

Não me resta senão te agradecer tuas observações. Se tiveres outras, faz-me a gentileza de comunicá-las; mas que isso seja, contudo, sem suspender tuas ocupações. Fiquei sabendo que estás traduzindo para nossa língua *O Banquete de Xenofonte*[126] e que tens a intenção de compará-lo com aquele de Platão. Eu te exorto a terminar esta obra. Tem, senhorita, a coragem de ser sábia. Nada mais é preciso que exemplos como o teu para inspirar o gosto pelas línguas antigas ou para provar ao menos que esse gênero de literatura é ainda um daqueles nos quais teu sexo pode se sobressair. Além disso, haveria somente os conhecimentos que terias adquirido que poderiam te consolar depois do motivo singular que tens hoje de te instruir. Como és venturosa! Encontraste a grande arte, a arte ignorada por quase todas as mulheres, aquela de não ser enganada e de dever mais do que jamais poderias saldar. Teu sexo não costuma ouvir essas verdades, mas ouso dizê-las a ti, porque pensas como eu. Tenho a honra de ser, com profundo respeito, senhorita,

teu humilde e obediente servidor***.

(125) Ópera representada em 1749 de Jean-Philippe Rameau (1683-1764), compositor francês (NT).

(126) Xenofonte (430-355 a.C.), filósofo e historiador grego (NT).

Observações sobre o extrato que o jornalista do Trévoux fez da "Carta sobre os surdos e mudos"

Mês de abril, art. 42, página 841[127]

Na página 842 do *Journal de Trévoux* se lê: "*A doutrina do autor parecerá, sem dúvida, muito pouco sensível aos leitores comuns: a maioria dirá, após ter lido essa carta: que nos fica no pensamento? Que rastros de luz e de erudição essas considerações abstratas deixaram após elas?*"

Observação. Não escrevi sobre os leitores comuns. Para mim, era suficiente estar ao alcance do autor das *Belas-artes reduzidas a um único princípio*, do jornalista do Trévoux e daqueles que já fizeram alguns progressos no estudo das letras e da filosofia. Eu mesmo disse: *"O título de minha Carta é equívoco. Convém indistintamente ao grande número daqueles que falam sem ouvir, ao pequeno número daqueles que sabem falar e ouvir, embora minha Carta seja propriamente apenas para o uso destes últimos"*. E poderia acrescentar, com o sufrágio dos conhecedores, que, se um bom espírito se pergunta, após me ter lido "*Que rastros de luz e de erudição essas considerações deixaram após elas?*", nada impedirá que se responda: Levaram-me a ver[128]:

(127) Estas *Observações* se inserem na polêmica criada entre o padre jesuíta Berthier, redator do *Journal de Trévoux* de 1745 a 1764, e Diderot em torno desta *Carta* e da *Enciclopédia*, da qual Diderot era o coordenador geral (NT).

(128) Repito aqui, apesar de tudo, aquilo que disse no fim de minha *Carta* (nota do autor).

1° Como a linguagem oratória pôde se formar.

2° Que minha língua está repleta de inversões, se comparada com a linguagem animal.

3° Que para bem entender como a linguagem oratória se formou, seria conveniente estudar a língua dos gestos.

4° Que o conhecimento da língua dos gestos supõe experiências com um surdo e mudo de convenção ou conversas com um surdo-mudo de nascença.

5° Que a ideia do mudo de convenção conduz naturalmente a examinar o homem distribuído entre tantos seres distintos e separados quantos são os sentidos e a procurar as ideias comuns e peculiares a cada um dos sentidos.

6° Que, se para julgar a entonação de um ator é preciso escutar sem ver, é preciso olhar sem ouvir para julgar bem seu gesto.

7° Que há um sublime do gesto capaz de produzir em cena os grandes efeitos do discurso.

8° Que a ordem que deve reinar entre os gestos de um surdo-mudo de nascença é uma história bastante fiel da ordem na qual os sinais oratórios pudessem ser substituídos pelos gestos.

9° Que a dificuldade de transmitir certas ideias a um surdo-mudo de nascença caracteriza entre os sinais oratórios os primeiros e os últimos inventados.

10° Que os sinais que marcam as partes indeterminadas do tempo estão no número dos últimos inventados.

11° Que nisso reside a origem da falta de certos tempos em algumas línguas e do duplo emprego de um mesmo tempo em algumas outras.

12° Que essas extravagâncias conduzem a distinguir em toda língua três estágios diferentes: aquele do nascimento, o de formação e o de perfeição.

13° Que no estágio de língua formada, o espírito acorrentado pela sintaxe não pode colocar entre seus conceitos a ordem que reina nos períodos gregos e latinos. Disso se pode inferir que, qualquer que seja o arranjo dos termos em uma língua formada, o espírito do escritor segue a ordem da sintaxe francesa; e que essa sintaxe, sendo a mais simples de todas, o francês deve levar sob esse aspecto vantagem sobre o grego e sobre o latim.

14° Que a introdução do artigo em todas as línguas e a impossibilidade de discorrer sem ter várias percepções ao mesmo tempo acabam por confirmar que o percurso do espírito de um autor grego e latino não se distanciava praticamente daquele de nossa língua.

15° Que a harmonia oratória foi gerada na passagem do estágio de língua formada para aquele de língua aperfeiçoada.

16° Que é preciso considerá-la nas palavras e no período; e que é do concurso dessas duas harmonias que resulta o hieroglifo poético.

17° Que esse hieróglifo torna todo poeta excelente difícil de ser entendido e quase impossível de ser bem traduzido.

18° Que toda arte de imitação tem seu hieróglifo; o que me foi demonstrado por uma tentativa de comparação dos hieróglifos da música, da pintura e da poesia.

Aí está, se respondia a si mesmo um bom espírito, *o que considerações abstratas trouxeram; aí estão os traços que deixaram após elas*; e já é alguma coisa.

Na mesma página do *Jornal,* lê-se: *Mas quem nos poderá responder que não há ali dentro nem paradoxos nem opiniões arbitrárias nem críticas deslocadas.*

Observação: Há algum livre, sem excetuar o *Journal de Trévoux*, de que não se possa dizer: *Mas quem nos poderá responder que não há dentro deles nem paradoxos nem opiniões arbitrárias nem críticas deslocadas*?

Na página seguinte do *Jornal,* lê-se: *Esses serão os raciocínios, pelo menos as suspeitas de algumas pessoas que se empenham com prazer a encontrar em uma obra traços fáceis de levantar, que gostam das imagens, das descrições, das aplicações marcantes, em uma palavra, tudo o que coloca em jogo as molas da imaginação e do sentimento.*

Observação: As pessoas que não leem para aprender ou que querem aprender sem se aplicar são precisamente aquelas que o autor da *Carta sobre os surdos e mudos* não faz questão de ter nem como leitores nem como juízes. Ele as aconselha até mesmo a renunciar a Locke[129], a Bayle[130], a Platão e em geral a toda obra de raciocínio e de metafísica. Pensa que um autor cumpriu sua tarefa se soube captar o tom que convém a seu tema: com efeito,

(129) John Locke (1632-1704), filósofo e teórico político inglês; Diderot alude aqui à principal obra de Locke, *Ensaio sobre o entendimento humano*, publicada em 1690 (NT).

(130) Pierre Bayle (1647-1706), filósofo e escritor francês (NT).

haveria acaso um leitor de bom senso que, em um capítulo de Locke sobre o abuso que se pode fazer das palavras, ou em uma carta sobre as inversões, acha que deve buscar *imagens, descrições, aplicações marcantes e o que coloca em jogo as molas da imaginação e do sentimento*?

Por isso se lê na mesma página do *Jornal*: *Os filósofos não devem pensar assim. Devem entrar com coragem na matéria das inversões. Há inversões? Não há inversões em nossa língua? Que não se acredite que seja uma questão de gramática; isso se eleva até a mais sutil metafísica, até a própria origem de nossas ideias.*

Observação: Seria muito surpreendente que fosse de outro modo. As palavras de que as línguas se formaram não são senão os sinais de nossas ideias; e o meio de dizer alguma coisa de filosófico sobre a instituição de umas sem remontar à origem das outras? Mas o intervalo não é grande; e seria difícil encontrar dois objetos de especulação mais próximos, mais imediatos e mais estreitamente ligados que a origem das ideias e a invenção dos sinais destinados a representá-las. A questão das inversões, assim como a maioria das questões de gramática, remete, portanto, à metafísica mais sutil: relembro o senhor Dumarsais[131] que não teria sido o primeiro de nossos gramáticos, se não tivesse sido ao mesmo tempo um de nossos melhores metafísicos.

Na página 847 do *Jornal*, lê-se: *O autor examina em que lugar colocaríamos naturalmente nossas ideias; e como nossa língua não se submete a essa ordem, julga que nesse sentido ela usa inversões; o que prova também pela linguagem dos gestos, artigo um pouco entrecortado por digressões. Devemos até acrescentar que muitos leitores, no final desse trecho, poderão se perguntar a si mesmos, se captaram nele todas as relações; se compreenderam como e por onde os surdos e mudos confirmam a existência das inversões em nossa língua. Isso não impede que se possa ter grande prazer* etc. O que segue é uma espécie de elogio que o autor compartilha com o padre Castel.

Observação: Há, repito, leitores que não quero nem vou querer nunca: não escrevo senão para aqueles com quem ficaria muito feliz em conversar. Dirijo minhas obras aos filósofos; não há praticamente outros homens no mundo para mim. Quanto

(131) César Chesneau Dumarsais (1676-1756), gramático francês, autor da obra *Tratado dos tropos* (NT).

a esses leitores que procuram um objeto que têm debaixo dos olhos, aí vai o que lhes digo pela primeira e última vez que pretendo lhes falar.

Vocês perguntam como a linguagem dos gestos está ligada à questão das inversões e como os surdos e mudos confirmam a existência das inversões em nossa língua? Respondo-lhes que o surdo-mudo, seja de nascença, seja de convenção, indica pelo arranjo de seus gestos a ordem segundo a qual as ideias são colocadas na linguagem animal; ele nos esclarece sobre a data da substituição sucessiva dos sinais oratórios aos gestos; ele não nos deixa nenhuma dúvida sobre os primeiros e os últimos sinais inventados e nos transmite assim as noções mais exatas que possamos esperar da ordem primitiva das palavras e da frase antiga, com a qual é necessário comparar a nossa, para saber se temos ou não inversões; de fato, é necessário conhecer o que é a ordem natural, antes de afirmar qualquer sobre a ordem inversa.

Na página seguinte do *Jornal,* lê-se que, *para bem entender a carta, é preciso se lembrar que* a ordem de instituição, a ordem científica, a ordem didática, a ordem de sintaxe *são sinônimas.*

Observação: Não se compreenderia, de maneira alguma a carta, se todas essas expressões fossem tomadas como sinônimos. *A ordem didática* não é sinônimo de nenhuma das três outras. *A ordem de sintaxe, aquela de instituição, a ordem científica* convêm a todas as línguas. *A ordem didática* é peculiar da nossa e daquelas que têm um caminho uniforme como a sua. *A ordem didática* não passa de uma espécie *da ordem de sintaxe*; assim, se diria muito bem, *a ordem de nossa sintaxe é didática.* Quando se levantam bagatelas, não se pode inserir muita exatidão nas próprias críticas.

Na página 851 do *Jornal,* lê-se: *O trecho em que o autor compara a língua francesa com as línguas grega, latina, italiana e inglesa não poderá ser aprovado no local onde diz que é preciso falar francês na sociedade e nas escolas de filosofia; grego, latim, inglês, nas cátedras e nos teatros.* O jornalista observa que *é preciso destinar ao púlpito, esse local tão venerável, a língua que melhor explique os direitos da razão, da sabedoria, da religião, em uma palavra, da verdade.*

Observação: Eu seria desaprovado certamente por todos esses frios discursadores, por todos esses oradores fúteis, que anunciam a palavra de Deus com o tom de Sêneca[132] ou de Plínio[133](; mas eu o seria por aqueles que pensam que a verdadeira eloquência da cátedra é aquela que toca o coração, que arranca o arrependimento e as lágrimas e que despede o pecador perturbado, abatido, consternado. *Os direitos da razão, da sabedoria, da religião e da verdade* são seguramente os grandes temas do pregador; mas deve expô-los em frias análises, recorrer a antíteses, embaralhá-los em um amontoado de sinônimos e obscurecê-los por meio de termos rebuscados, de rodeios sutis, de pensamentos equívocos e de verniz acadêmico? Eu trataria de bom grado essa eloquência de *blasfematória*. Por isso não é aquela de Bourdaloue, de Bossuet, de Mascaron, de La Rue, de Massillon[134] e de tantos outros que nada pouparam para vencer a lentidão e a coação de uma língua didática pela sublimidade de seus pensamentos, pela força de suas imagens e pelo patético de suas expressões. A língua francesa não se prestará facilmente à dissertação teológica, ao catecismo, à instrução pastoral; mas ao discurso oratório, é outra coisa.

De resto, reporto-me àqueles que sabem a respeito disso mais do que nós e lhes deixo decidir qual das duas línguas, das quais uma seria naturalmente uniforme e tardia, a outra seria variada, abundante, impetuosa, repleta de imagens e de inversões, seria a mais apropriada abalar as almas entorpecidas por seus deveres, a aterrorizar pecadores endurecidos pelas séries de seus crimes, a anunciar verdades sublimes, a descrever atos heroicos, a tornar o vício odioso e a virtude atraente, e a manipular todos os grandes temas da religião de maneira que impressione e instrua, mas que impressione acima de tudo; de fato, no púlpito, trata-se menos de ensinar *aos fiéis* o que ignoram do que impeli-los a praticar o que eles sabem.

Não faremos nenhuma observação sobre as duas críticas da página 852, não teríamos nada a acrescentar ao que o próprio jornalista diz. É melhor apressar-nos para chegar ao local importante de seu extrato, local a que nos informa que deu uma *atenção especial*. Aqui está ele, palavra por palavra.

Na página 854 do *Jornal*, lê-se: *Todos conhecem os três belos*

(132) Lucius Annaeus Seneca (1 a.C.-65 d.C.), filósofo latino estoico; entre suas muitas obras, *A vida feliz*, *A tranqüilidade da alma* e *A vida retirada* (NT).

(133) Caius Plinius Caecilius Secundus ou Plínio, o Jovem (62-114), escritor latino (NT).

(134) Pregadores do final do século XVII, dos quais os mais célebres foram Louis Bourdaloue (1632-1704), jesuíta adepto de uma moral rigorista, e Jacques Bénigne Bossuet (1627-1704), bispo e escritor, além de refinado pregador (NT).

versos do livro XVII da Ilíada, *quando Ájax se queixa a Júpiter das trevas que envolvem os gregos.*

Ζευ πατερ, αλλα συ γυσαι υπ'ηεροσ υιασ Αχαιων,
ποιησον δ'αιθρην, δοσ δ'οφιθαλμοισιν ιδεσθαι.
εν δε φαει και ολεσσον, επει νυ τοι ευαδεν ουτωσ[135].

Boileau os traduziu assim:
"Grande Deus, expulsa a noite que nos cobre os olhos,
E combate contra nós na claridade dos céus."

O senhor La Motte se contenta em dizer:
"Grande Deus, dá-nos o dia e combate contra nós."

Ora, o autor da Carta precedente diz que nem Longino nem Boileau nem La Motte entenderam o texto de Homero e que esses versos devem ser traduzidos assim:

"Pai dos deuses e dos homens, expulsa a noite que nos cobre os olhos; e uma vez que resolveste nos perder, perde-nos pelo menos na claridade dos céus."

"Que ali não se encontra nenhum desafio a Júpiter, que se vê apenas um herói prestes a morrer, se for a vontade do deus, e que não lhe pede outra graça senão a de morrer combatendo."

O autor confirma sempre mais seu pensamento e parece ter tido extremo interesse neste trecho; sobre isso acreditamos dever também fazer as seguintes observações:

1° A tradução que damos aqui e que acabamos de apresentar é literal, exata e conforme ao sentido de Homero.

2° *É verdade que no texto desse grande poeta não há desafio feito a Júpiter por Ájax. Eustato*[136] *não viu nada de semelhante e observa somente que essas palavras,* perde-nos na claridade dos céus, *deram origem a um provérbio para dizer,* se devo perecer, que eu pereça pelo menos de uma maneira menos cruel.

3° *É preciso distinguir Longino de nossos dois poetas franceses, Boileau e La Motte: Longino, considerado em si mesmo e em*

(135) *Ilíada* de Homero, livro XVII, versos 645-647 (NT).

(136) Autor de comentários sobre a *Ilíada* e a *Odisseia* de Homero; ensinava retórica em Constantinopla no século XII de nossa era (NT).

seu próprio texto, parece-nos ter captado bem o sentido de Homero; e seria, de fato, bastante surpreendente que acreditássemos entender melhor esse poeta grego do que o entendia um sábio que falava a mesma língua e que o tinha lido durante toda a sua vida.

Esse orador menciona os versos de Homero e depois acrescenta:

"Esse é verdadeiramente um sentimento digno de Ájax. Não pede para viver; teria sido um pedido muito baixo para um herói: mas vendo que no meio dessas trevas espessas não pode fazer nenhum uso de seu valor, indigna-se por não combater, pede que a luz lhe seja prontamente devolvida, a fim de morrer de maneira digna de sua grande coragem, mesmo que Júpiter estivesse de frente contra ele."

Esta é a tradução literal dessa passagem. Não se observa que Longino interponha algum desafio no pensamento nem nos versos de Homero. Estas palavras, mesmo que Júpiter estivesse de frente contra ele, *ligam-se ao que está no mesmo livro da* Ilíada, *quando o poeta descreve Júpiter armado de sua égide, dardejando seus raios, abalando o monte Ida e espantando os gregos. Nessas funestas circunstâncias, Ájax acredita que o pai dos deuses dirige pessoalmente os dardos dos troianos; e imagina-se que esse herói, no meio das trevas, pode muito bem pedir, não entrar em liça com o deus, mas ver a luz do dia, para ter um fim digno de sua grande coragem, mesmo que devesse ser alvo dos dardos de Júpiter,* mesmo que Júpiter estivesse de frente contra ele. *Essas ideias não se cruzam: um bravo como Ájax podia esperar que houvesse alguma bela ação a praticar, um momento antes de perecer sob os golpes de Júpiter irritado e determinado a exterminar os gregos.*

4º *Boileau toma em um sentido demasiado amplo o texto de seu autor quando diz*: quando tivesse de combater contra Júpiter. *Aí está o que apresenta um ar de desafio que Longino não aborda. Mas essa amplitude demasiada não parece tão marcante na tradução do meio verso de Homero. Esse hemistíquio,* e combate contra nós, *não apresenta um desafio nas formas, embora tivesse sido melhor expressar esse pensamento,* e perde-nos uma vez que tu o queres. *Nada devemos acrescentar a respeito do verso de La Motte, que talvez esteja ainda menos bem colocado que aquele de Boileau.*

De tudo isso se segue que, se nossos dois poetas franceses merecem no todo ou em parte a censura de nosso autor, Longino pelo menos não a merece; para se convencer disso basta ler seu texto.

Aí está fielmente toda a passagem do jornalista sobre Longino, sem nada tirar à força dos raciocínios nem a maneira elegante e precisa como foram expostos.

Observações: O jornalista abandona La Motte e Boileau e só combate por Longino; o que ele opõe em seu favor se reduz às seguintes proposições:

1° Longino, falando a mesma língua de Homero e tendo lido durante toda a sua vida esse poeta, devia entendê-lo melhor que nós.

2° Há na tradução de Boileau um ar *de desafio* que Longino não aborda e as expressões, *quando o próprio Júpiter estivesse de frente contra ele* e *quando tivesse de combater o próprio Júpiter*, não são sinônimos.

3° A primeira dessas expressões, *quando o próprio Júpiter estivesse de frente contra ele*, é referente às circunstâncias em que Homero colocou seu herói.

Respondo à primeira objeção que Longino podia entender Homero infinitamente melhor que nós e que pôde se enganar em um trecho da *Ilíada*.

Respondo à segunda objeção, que a expressão, *mesmo quando tivesse de combater contra Júpiter*, e aquela que o jornalista substitui para tornar a tradução mais exata e mais literal, *quando Júpiter estivesse de frente contra ele*, pareceriam sinônimos para mim, e acredito que a muitos outros, até que se tenha demonstrado que não o são. Continuaremos a acreditar que *ele estava de frente contra mim nessa ação*, ou não significa nada, ou significa *eu devia ter de combatê-lo*. O último parece mesmo menos forte que o outro; apresenta somente um *talvez* e o outro anuncia um *fato*. Para ter dois sinônimos, seria necessário cortar *deveria* da frase de Boileau; ter-se-ia, então, *mesmo se tivesse de combater contra Júpiter*, que daria com a última precisão, *mesmo se Júpiter estivesse de frente contra ele*. Mas se teria excluído com o verbo *deveria* a ideia de uma necessidade fatal que tende a lamentar o herói e que tempera seu discurso.

Mas Deus não é para um soldado cristão senão o que era Júpiter para Ájax. Se ocorresse, portanto, a um de nossos poetas de colocar um soldado nas mesmas circunstâncias de Ájax e de levá-lo a dizer a Deus: "Dá-me, pois, prontamente o dia, para que eu busque um fim digno de mim, mesmo que tu estivesses de frente contra mim", que o jornalista me diga se não veria nessa interpelação nem impiedade nem desafio.

Ou melhor, peço-lhe, de boa vontade, que esqueça tudo o que precede e considere somente o que segue.

Vou passar à sua terceira objeção e demonstrar-lhe que em todo o discurso de Longin não há uma palavra que convenha às circunstâncias nas quais Homero colocou seu herói e que a paráfrase inteira do orador está na contramão.

Tenho tanta confiança em minhas razões, que deixo ao próprio jornalista a decisão desse processo literário; mas que decida, que me diga que estou errado, é tudo o que lhe peço.

Começo por admitir sua tradução; digo em seguida: Se os sentimentos do Ájax de Longin são os sentimentos do Ájax de Homero, pode-se colocar o discurso do Ájax de Longin na boca do Ájax de Homero, pois, se a paráfrase do orador é correta, será apenas um maior desenvolvimento da alma do herói do poeta. Aí está, portanto, seguindo a tradução do jornalista, o que Ájax teria dito a Júpiter pela boca de Longino: "*Grande Deus, não te peço a vida; esse pedido não convém a Ájax. Mas como se defender? Que uso fazer da própria coragem nas trevas com que tu nos envolves? Dá-nos, pois, prontamente o dia e que eu busque um fim digno de mim, mesmo que tu estivesses frente a frente contra mim.*"

1° Quais são os sentimentos que formam o caráter deste discurso? A indignação, o orgulho, a coragem, a sede dos combates, o temor de uma morte obscura e o desprezo da vida. Qual seria o tom daquele que o declamasse? Firme e veemente; a atitude do corpo? Nobre e altiva; o ar do rosto? Indignado; a posição da cabeça? Erguida; os olhos? Secos; o olhar? Seguro. Apelo para os primeiros atores do teatro francês. O que entre eles que decidisse acompanhar ou terminar este discurso com lágrimas levaria às gargalhadas tanto a plateia como o anfiteatro e os camarotes.

2° Que sentimento deve excitar este discurso? Seria o da compaixão? Será que se haveria de comover o deus, gritando a ele com voz firme, depois de diversas palavras próximas da bravata: "Dá-me, pois, *prontamente* o dia, para que eu busque um fim digno de mim, mesmo que tu estivesses frente a frente contra mim"? Este *prontamente*, de modo particular, estaria bem colocado.

Figura 4 - Ájax de Longin

Figura 5 - Ájax de Homero

O discurso de Longino, colocado na boca de Ájax, não permite, portanto, nem ao herói derramar lágrimas nem ao deus ter piedade; não passa, pois, de uma amplificação desajeitada dos três versos patéticos de Homero; aqui está a prova no quarto:

ωσ φατο: τον δε πατηρ ολοφυσατο δακρυ χεοντα[137].
Ele diz que o pai dos deuses e dos homens teve piedade do herói que derramava lágrimas.

Aí está, portanto, um herói em lágrimas e um deus comovido; duas circunstâncias que o discurso de Longino excluía do quadro. E que não se acredite que esses prantos são de raiva; prantos de raiva não convêm nem mesmo ao Ájax de Longino, pois está indignado, mas não furioso; e eles se enquadram bem menos ainda com a piedade de Júpiter.

Observe-se: 1º que foi preciso enfraquecer o relato de Longino para colocá-lo com alguma verossimilhança na boca de Ájax; 2º que a rapidez de ωσ φατο: τον δε πατηρ ολοφυσατο etc. não deixa nenhum intervalo entre o discurso de Ájax e a piedade de Júpiter.

Mas após ter descrito Ájax segundo a paráfrase de Longino, vou esboçá-lo segundo os três versos de Homero.

O Ájax de Homero tem o olhar voltado para o céu, lágrimas correm de seus olhos, seus braços são suplicantes, seu tom é patético e tocante, diz: "Pai dos deuses e dos homens, Ζευ πατερ; expulsa a noite que nos envolve; δοσ ιδεσθαι; e perde-nos pelo menos na luz, se for tua vontade de nos perder, επει νυτοι ευαδεν ουτωσ."

Ájax se dirige a Júpiter como nós nos dirigimos a Deus na mais simples e na mais sublime de todas as orações. Por isso o pai dos deuses e dos homens, acrescenta Homero, teve piedade das lágrimas que o herói derramava. Todas essas imagens se sustentam; não há mais contradição entre as partes do quadro. A atitude, a entonação, o gesto, o discurso, seu efeito, tudo junto.

Mas, dir-se-ia, há um momento em que subsista no caráter de um herói cruel, como Ájax, a inclinação para se enternecer? Sem dúvida, há um. Feliz o poeta dotado do gênio divino que o sugerir a ele. A dor de um homem comove mais que a de uma mulher; e a dor de um herói é bem de outro patético que a de um homem comum.

(137) *Ilíada*, XVII, verso 648 (NT).

Tasso[138] não ignorou essa fonte do sublime; e aqui está uma passagem de sua *Jerusalém* que não perde em nada diante daquela do livro XVII de Homero.

Todos conhecem Argante. Não se ignora que esse herói de Tasso é modelado no Ájax de Homero. Jerusalém é tomada. No meio do saque dessa cidade, Tancredo percebe Argante cercado por uma multidão de inimigos e prestes a perecer por mãos obscuras. Voa em seu socorro; cobre-o com seu escudo e o conduz aos pés da muralha da cidade, como se essa grande vítima lhe fosse reservada. Caminham; chegam; Tancredo empunha suas armas; Argante, o terrível Argante, esquecendo o perigo e sua vida, deixa cair as suas e volta seus olhos cheios de dor para as muralhas de Jerusalém lambidas pelas chamas. "*Em que pensas*? – grita-lhe Tancredo. *Será que o momento de tua morte chegou? É muito tarde. – Penso* – respondeu Argante – *no que foi feito desta antiga capital das cidades da Judéia; que foi em vão que eu a tenha defendido e que tua cabeça, que o céu me destina sem dúvida, é uma vingança por demais pequena por todo o sangue que aqui se derrama.*"

Or qual pensier t'ha preso?
Pensi ch'è giunta l'ora a te prescritta!
S'antivedendo cio timido stai,
È il tuo timore intempestivo omai.

Penso, risponde, alla città, del regno
Di Giudea antichissima regina,
Che vinta or cade; e indarno esser sostegno
Io procurai della fatal ruina.

E ch'è poca vendetta al mio disdegno;
Il capo tuo, ch'il cielo or mi destina.
Tacque[139].

Jerusalém Liberada, canto XIX, v. 9-10.

---

(138) Torquato Tasso (1544-1595), escritor italiano, autor da célebre obra *Gerusalemme Liberata* (Jerusalém libertada); Argante e Tancredo são personagens desse poema épico (NT).

(139) "Agora, que pensamento se apoderou de ti? Pensas que é chegada a hora a ti prescrita? Se prevendo isso, tímido ficas, é já teu temor repentino. / Penso, responde, na cidade, do reino da Judéia antiquíssima rainha, que vencida ora cai; e em vão ser baluarte procurei da fatal ruína. / E que é pequena vingança para meu desdém, tua cabeça que ora o céu me destina. Calou-se".

Voltemos, porém, a Longino e ao jornalista do Trévoux. Acabamos de ver que a paráfrase de Longino não concorda com as palavras de Ájax em Homero. Vou mostrar que concorda ainda menos com o que precede.

Pátroclo foi morto: combatem por seu corpo. Minerva, descendo dos céus, anima os gregos e diz a Menelau: "O quê? O corpo do amigo de Aquiles será devorado pelos cães sob as muralhas de Tróia!". Menelau se sente possuído de nova coragem e de novas forças. Atira-se sobre os troianos; trespassa Podos com um golpe de lança e se apodera do corpo de Pátroclo. Ele o levava, mas Apolo, sob a aparência de Fenope, grita a Heitor: "Heitor, teu amigo Podos está sem vida; Menelau leva o corpo de Pátroclo e tu foges!". Heitor, prostrado pela dor e pela vergonha, volta. Mas, nesse instante, Júpiter, *armado com sua égide, dardejando seus raios, abalando com seu trovão o monte Ida, espanta os gregos e os cobre de trevas.*

Entretanto, a ação continua: uma multidão de gregos está estendida no chão. Ájax, percebendo de imediato que a sorte das armas mudou, exclama para aqueles que o rodeiam ω ποποι, "Ai de nós! Júpiter está do lado dos troianos; dirige seus ataques. Todas as suas flechas acertam, mesmo aquelas dos mais covardes; as nossas caem por terra e ficam sem efeito. Nossos amigos consternados nos olham como homens perdidos. Mas vamos! Procuremos entre nós os meios de terminar com seus alarmes e salvar o corpo de Pátroclo. Ah! Aquiles não sabe da sorte de seu amigo. Mas não vejo ninguém se dirigir a ele. As trevas nos cercam por todos os lados. Pai dos deuses e dos homens, Ζευ πατερ, expulsa a noite que cobre nossos olhos e perde-nos pelo menos na luz, se for tua vontade nos perder". O pai dos deuses e dos homens ficou comovido com as lágrimas que corriam de seus olhos e se fez dia.

Pergunto agora se há uma só palavra do discurso do Ájax de Longino que convenha em semelhante caso. Se há uma única circunstância da qual o jornalista possa tirar proveito em favor do orador; e se não é evidente que Longino, Despréaux e La Motte, unicamente ocupados com o caráter geral de Ájax, não prestaram nenhuma atenção às conjunturas que o modificavam.

Se uma opinião é verdadeira, quanto mais se medita nela, mais se fortalece. Relembre-se o discurso de Longino: "Grande Deus, não te peço a vida; esse pedido é indigno de Ájax etc.". E que me digam o que deve fazer tão logo a luz lhe for devolvida; essa luz que ele não desejava, acreditando-se no jornalista, *senão na esperança de que se cobriria do brilho de uma bela ação um momento antes de perecer sob os golpes de Júpiter, irritado e determinado a aniquilar os gregos.* Aparentemente se bate; está sem dúvida lutando com Heitor; vinga, na claridade dos céus, tanto sangue grego derramado nas trevas. De fato, pode-se esperar outra coisa dos sentimentos que lhe empresta Longino e, de acordo com ele, o jornalista?

Entretanto, o Ájax de Homero não faz nada disso. Ele volve os olhos em torno dele; percebe Menelau e lhe diz: "Filho de Júpiter, procura imediatamente Antíloco para que leve a Aquiles a fatal notícia".

Menelau obedece a contragosto; grita, ao se afastar, a Ájax e a Merion: "Não se esqueçam que Pátroclo era amigo de vocês". Percorre o exército; percebe Antíloco e cumpre sua missão. Antíloco parte; Menelau nomeia um chefe para a legião de Antíloco, retorna e presta contas a Ájax. "Isso basta, lhe responde o filho de Telamon. Vamos, Merion e você, Menelau, carreguem o corpo de Pátroclo; e enquanto o carregarem, nós asseguraremos sua retirada enfrentando o inimigo".

Quem não reconhece por essa análise um herói muito mais ocupado com o corpo de Pátroclo do que com qualquer outro objeto? Quem não vê que a desonra que ameaça o amigo de Aquiles e que podia recair sobre ele mesmo é praticamente a única razão de suas lágrimas? Quem não vê agora que não há nenhuma relação entre o Ájax de Longino e aquele de Homero, entre os versos do poeta e a paráfrase do orador, entre os sentimentos do herói de um e a conduta do herói do outro, entre as exclamações dolorosas ω ποποι, o tom de imploração e de invocação Ζευ πατερ e esse orgulho próximo da arrogância e da impiedade que Longino confere a seu Ájax tão claramente, que o próprio Boileau se enganou a respeito e, de acordo com ele, o senhor La Motte?

Repito, o equívoco de Longino é para mim de tal evidência e espero que o notem igualmente aqueles que leem os antigos sem parcialidade, que deixo ao jornalista a decisão sobre nossa divergência; mas que ele decida. Uma vez mais, não peço que ele me demonstre que me enganei; peço somente que o diga a mim.

Eu me estendi sobre essa passagem porque o jornalista, advertindo-me que a havia examinado com *particular atenção*, levou-me a pensar que valia a pena. Além disso, o bom gosto não tinha menos participação que a crítica nesta discussão e era uma ocasião para mostrar como, em um reduzido número de versos, Homero encerrou traços sublimes e apresentar ao público algumas linhas de um *ensaio* sobre a maneira de compor dos antigos e de ler suas obras.

Na página 860 de seu *Jornal*, lê-se: *Não podemos nos instruir igualmente com a crítica que se encontra aqui a respeito de um discurso lido pelo padre Bernis na Academia Francesa.*

Observação: Pode-se ver no final da própria *Carta sobre os surdos e mudos* a opinião do autor sobre essa crítica prematura. Todos aqueles que julgam obras de outrem são convidados a levá-la em conta; nela encontrarão o modelo da conduta que devem seguir quando se enganarem.

O jornalista acrescenta que a peça do padre Bernis, *que foi amplamente aplaudida no momento da leitura, não foi ainda tornada pública e que de sua parte seria combater como Ájax, nas trevas, ao atacar ou defender em um terreno que não conhece de modo suficiente.*

Observação: Isso é muito sábio, mas a comparação não é correta. Não parece em Homero que Ájax tenha combatido nas trevas, mas quando muito que pediu luz para combater. Não se devia dizer *seria combater como Ájax nas trevas* etc., mas *pedimos como Ájax luz para defender ou para combater.* Assinalo aqui uma bagatela, mas o jornalista me deu o exemplo.

Finalmente, na página 863 e última desse extrato, lê-se: *Nosso autor nos leva a esperar que, se soubermos nos servir de nossa língua, nossas obras serão tão preciosas para a posteridade como as obras dos antigos o são para nós. Esta* é uma boa-nova, mas receamos que não nos prometa muito, e haveremos de ter oradores como Cícero, poetas como Virgílio e Horácio etc.! E se pusermos os pés na Grécia, poderemos não ser tentados a dizer, apesar da proibição de Epicteto: Ai de nós! Nunca teremos honra, jamais seremos coisa alguma![140]".

Observação: Nós já temos em quase todos os gêneros obras para comparar com que Atenas e Roma produziram de mais belo. Eurípides não desaprovaria as tragédias de Racine[141]. *Cina, Pompeu, os Ho-*

(140) Epicteto (50 a.C.-30 d.C.), *Enchiridion*, cap. XXIV (NT).

(141) Eurípides (480-406 a.C.), poeta trágico grego; Jean Baptiste Racine (1639-1699), poeta trágico francês (NT).

rácios etc. fariam honra a Sófocles[142]. *La Henriade* tem trechos que não se pode opor frente ao que a *Ilíada* e a *Odisseia* têm de magnífico[143]. Molière, reunindo os talentos de Terêncio e de Plauto[144], deixou bem longe dele os cômicos da Grécia e da Itália. Que distância entre os fabulistas gregos e latinos e o nosso[145]. Bourdaloue e Bossuet disputam com Demóstenes[146]. Varrão não era mais sábio que Hardouin, Kircher e Petau[147]. Horácio não escreveu melhor sobre a arte poética que Despréaux[148]. Teofrasto não tira o ornamento de La Bruyère[149]. Seria necessário ter certas prevenções para não gostar tanto da leitura do *Espírito das Leis* como da leitura de *A República* de Platão. Era, portanto, realmente inútil submeter Epicteto à tortura para arrancar dele uma injúria contra nosso século e nossa nação.

Como é muito difícil escrever uma boa obra e como é fácil criticá-la; porque o autor teve que observar todos os desafios e a crítica só tem que forçar um; não é preciso que este esteja errado e, se acontecer que estivesse continuamente errado, seria inescusável (*O Espírito das Leis*).

(142) As três obras citadas são de Pierre Corneille (1606-1684), poeta dramático francês; Sófocles (496-406 a.C.), poeta trágico grego (NT).

(143) *La Henriade*, epopeia sobre a vida de Henrique IV, é obra de Voltaire (1694-1778), escritor e filósofo francês; *Ilíada* e *Odisséia* são obras do poeta grego Homero (NT).

(144) Jean-Baptiste Poquelin, dito Molière (1622-1673), dramaturgo francês; Publius Terentius Afer (185-159 a.C.), poeta cômico latino; Tullius Maccius Plautus (254-184 a.C.), poeta cômico latino (NT).

(145) Alusão a Jean de La Fontaine (1621-1695), poeta e fabulista francês (NT).

(146) Louis Bourdaloue (1632-1704) e Jacques Bénigne Bossuet (1627-1704), renomados oradores franceses; Demóstenes (384-322 a.C.), orador ateniense (NT).

(147) Marcus Terentius Varro Reatinus (116-27 a.C.), advogado, administrador e escritor latino; os três nomes citados a seguir se referem a personalidades francesas da época do autor e que atuavam em diferentes áreas (NT).

(148) Quintus Horatius Flaccus (65-8 a.C.), poeta latino; Nicolas Boileau (1636-1711), escritor e poeta francês, mais conhecido pelo apelido de Despréaux (NT).

(149) Teofrasto (372-188 a.C.), filósofo grego, que, entre outras obras, escreveu *Caracteres*, traduzida para o francês por Jean de La Bruyère (1645-1696), filósofo moralista; este, por sua vez, elaborou outra obra, à qual deu o título de *Caracteres ou costumes deste século* (NT).